Pontapés nas Dificuldades

Pontapés nas Dificuldades

A FÓRMULA PARA TRANSFORMAR A VIDA EM TODAS AS ÁREAS

EU + CONHECIMENTO = SUCESSO

ANA FILIPA CUNHA

T í t u l o : *Pontapés nas Dificuldades*
A fórmula para transformar a vida em todas as áreas
EU+CONHECIMENTO=SUCESSO

A u t o r i a : *Ana Filipa Cunha*
© *Todos os direitos reservados*
Texto escrito ao abrigo do novo acordo ortográfico

E d i ç ã o I n d e p e n d e n t e
R e v i s ã o : *Leonor Borges*
D e s i g n d e C a p a e P a g i n a ç ã o : *João Serafim - Trinta Zero Um*
1 . ª E d i ç ã o : *Janeiro 2018*
I S B N : *978-989-20-8163-2*
D e p ó s i t o l e g a l : *435701/17*

www.trintazeroum.com
mail@trintazeroum.com

ÍNDICE

PREFÁCIO

Era uma tarde difícil, daquelas em que a paciência está no limite e as dificuldades reinam há muito tempo. Naquele momento, um conjunto de palavrões saíram-me da boca, juntamente com a vontade de partir tudo à minha volta aos pontapés. Quem já não passou por situações assim?

De seguida, mais um grupo de palavrões saíram. Pensei para comigo "se eu desse um pontapé nestas dificuldades todas e resolvesse isto tudo é que era!" E foi assim que esta expressão nasceu em 2016, dando origem a grandes mudanças, desenvolvimento pessoal e procura de respostas a tantas dúvidas. Eu queria soluções, mas não sabia onde as encontrar.

Reuni toda a informação adquirida ao longo de vários anos, resultando numa fórmula que pudesse ser adaptada a cada um de nós, em todas as áreas da vida.

Algo de novo tinha surgido. Precisava de partilhar o meu conhecimento com as outras pessoas e que a minha história de vida fosse uma referência de como transformar as dificuldades em sucesso. Pôr em prática a teoria. Conseguirei?

Introdução

"Não vais mudar o mundo", oiço novamente a expressão do costume, do conformismo e de quem não sabe que o poder que tem em si.

"Tu é que estás mal, habitua-te, ignora e faz o que todos fazem. Não ganhas nada em ser assim e só te prejudicas."

A vida toda observei pessoas, situações, questionei, verifiquei a maldade e o oportunismo e senti admiração por pessoas que mudaram o mundo.

Entre o comodismo do "é assim porque é" e a crítica, eu não sei qual dos dois é pior. Pior mesmo, só chegar a qualquer sítio e ouvir "desgraças". As pessoas adoram falar de desgraças. Há pessoas que fazem "competições" de quem é o mais desgraçadinho, coitadinho ou quem está mais doente. O ambiente fica pesado. Será cultural ou influência dos meios informativos? Sei que é insuportável!

Não admira que depois haja tanta gente a reclamar de tudo. Parece que nunca estão bem com nada.

Nestes últimos anos ouvi muita reclamação da situação económica do país. Mas fazer o quê?

E a burocracia na sociedade, a Justiça, que é cara e vagarosa, e a Educação?

É preciso mudar. Tenho esperança nas gerações futuras. Estudam Direito para quê? Para caminharem para a precariedade ou para o desemprego, porque supostamente não há vagas, mas os tribunais estão cheios de processos? Serão obrigados a emigrar à procura de melhores condições de vida ou vão exigir "consciência civil"?

Consciência que deveríamos ter na idade adulta, da mesma forma que a "nossa criança interior" não deveria morrer.

Não vou mudar o mundo, mas posso mudar mentalidades. E para mudar mentalidades há que mudar a maneira de pensar. Como?

Este é o objetivo principal do meu livro – ajudar os outros a não cometerem tantos erros como eu cometi.   É um livro que dá espaço à liberdade de escolha de cada um e faz perguntas para obteres as respostas em ti. Não dita regras, mas apresenta soluções como um "manual de instruções" da vida. Ensina a questionar e a apresentar soluções, não a criticar. Porque hoje em dia a crítica é fácil, gratuita e não muda nada.

É um livro que descreve a minha experiência de vida num longo período de dificuldades, em várias áreas. Faz um retrato realista da sociedade vista pelos olhos do pobre. Porque o dinheiro traz facilidade.

Representa, assim, uma espécie de "manifesto humano" com esperança nas gerações futuras.

Às vezes penso que vivo num mundo de faz de conta, cheio de boas aparências. Os jovens não têm plena consciência de que o mundo está a evoluir num caos, muito menos como funciona o sistema. Se nada for feito, toda a gente irá sentir as consequências num futuro bem próximo.

Por isso, o segundo objetivo passa por reunir um conjunto de pessoas que se enquadram na minha linha de pensamento. Há um crescente número de pessoas que pensam "fora do quadrado". Essa ideia errada de que as pessoas têm de ser todas iguais e de pensar todas da mesma maneira, tem de ter os dias contados. Vivemos de mais em função dos outros e dos ideais de perfeição impostos pela sociedade. Mas a sociedade somos todos nós. É necessário haver consciência coletiva de que muitas ideias sem soluções apresentadas se enquadram naquele ditado popular "em casa todos ralham e ninguém tem razão". Não resolve problemas. Uma pergunta importante fez-me escrever o livro.

Que coisa relevante poderia um pai ou mãe pode passar ao seu filho?

"Dinheiro numa conta bancária" seria a resposta provável. O dinheiro traz a felicidade que tanto se procura?

Na realidade não traz sucesso, porque o conceito de sucesso é subjetivo. Cada um sabe ou deveria saber o que é o sucesso para si. O dinheiro traz facilidade em alcançar objetivos, mas não traz felicidade.

Então, que coisa seria essa que eu poderia dar de grande valor? E que os pais poderiam dar aos filhos?

O conhecimento!

Essa é que é a ferramenta essencial que permite chegar ao sucesso. O conhecimento é adquirido ao longo da vida, pelos livros, e fica na experiência de vida de cada um.

Cada um aprende a sua lição, mas eu tenho a certeza que o conhecimento dos pais é útil na vida dos filhos. Mas logo de seguida surge um obstáculo.

Porque é que é tão difícil passar conhecimento dos pais para os filhos? Por inúmeros motivos.

Quando somos pais, por volta dos 20, 30, 40 anos, temos conhecimento, mas os filhos não têm "compreensão" para o receberem. Por volta dos 18, 20 anos, já é uma boa idade para receber o conhecimento dos pais. Mas quando essa fase chega, o mundo já evoluiu, e o que antes funcionava, agora já não funciona mais. Porém, há valores passados através da educação, na infância, que permanecem. Nunca se perdem.

Depois há uma dificuldade, por parte dos pais, em inovarem na época dos filhos. Há um choque de gerações ou porque os pais ficam agarrados ao "seu tempo", ou porque a linguagem é diferente, ou porque os filhos julgam os pais "ultrapassados".

E nesta geração em que só se vive para o trabalho? As relações pessoais e familiares cada vez serão menos cultivadas?

Apesar de a ideia ser simples, há toda uma complexidade no tema abordado de forma "inocente". Há uma necessidade urgente de evolução humana.

CAPÍTULO 1

A fórmula
EU + CONHECIMENTO = SUCESSO

A fórmula EU + CONHECIMENTO = SUCESSO ajuda a mudar mentalidades, realidades, ultrapassar obstáculos, transformar e obter sucesso. Porém, não é assim tão simples. Resume-se a isto, mas é necessário seguir um método.

Explicarei o método de forma sucinta, mas é importante que leias o livro até ao fim, para entenderes como é que eu cheguei até aqui.

Toda a minha experiência de vida, dificuldades, pensamento crítico, raciocínio lógico, dúvidas, livros pesquisados e um sentimento de ser "anormal na sociedade", acompanharam-me até aos dias de hoje. Passei anos a analisar o comportamento das pessoas e a questionar-me porque é que uns conseguem o sucesso facilmente e os outros não.

Pega num papel e numa caneta. Há três coisas importantes a saber.

Para começares, há que definir, para a ti, as palavras EU, CONHECIMENTO e SUCESSO.

O EU é necessário para que te definas como pessoa. Como tu és fisicamente, emocionalmente, qual a tua personalidade, como os outros te vêm, quais os teus gostos. Quais as séries de televisão que vês, os artigos que pesquisas na Internet e se te sentes feliz ou desmotivada. Qual a tua educação, valores e princípios, religião, conduta e atitude na vida. Se és pessimista ou otimista. Sejas homem ou mulher, faz uma busca exaustiva de todas as características relacionadas com a tua pessoa neste momento presente. O que interessa é o presente, porque de nada serve dizeres que eras uma pessoa alegre antigamente. É porque algo na vida aconteceu. Já foi.

Dentro do CONHECIMENTO colocas a tua experiência de vida, a tua sabedoria, áreas de interesse e área de estudo. Vê as situações por onde já passaste e como é que as resolveste. Aponta o que não conseguiste resolver, porque irás resolver em breve, para seguires em frente e largares o passado de vez.

O que é o SUCESSO para ti?

Tens de o definir. É ter uma casa grande? É ter um corpo trabalhado? É ter um belo carro? É simplesmente ter uma vida tranquila? Trabalhar numa empresa específica? Tens um sonho a realizar? É ter saúde? É andar calma? É não ligar ao que os outros pensam? É melhorar como pessoa? Deixar de ser envergonhado? É ter muito dinheiro? Há que definir o que queres. O que tu queres e não o que os outros querem para ti. Realmente é um problema quando não sabes o que queres. Mas a fórmula também te possibilita descobrires isso.

O segundo passo é usares a fórmula da direita para a esquerda.

Pegas no SUCESSO e no EU e vais perceber o que precisa de estar inserido no CONHECIMENTO para formar uma ESTRATÉGIA.

Outro item importante: da teoria à prática vai uma enorme diferença!

Por isso é MUITO IMPORTANTE que tenhas consciência de que a FÓRMULA É UMA BÚSSOLA NA TUA VIDA e que tem de ser adaptada ao longo do teu percurso. Porque nada é rígido ou estático e o que foi ontem, já não é hoje e o amanhã será diferente.

Outro detalhe fundamental: a fórmula é que se adapta a ti e não és tu que te adaptas à fórmula.

CAPÍTULO 2

O meu exemplo na fórmula

O meu SUCESSO é um conjunto de desejos que eu quero alcançar e manter na vida.

O mais importante é ter saúde. Saúde física, mental, emocional e espiritual. A felicidade acontece quando estes fatores estão em harmonia. A saúde emocional é tão importante quanto a saúde física, porque estão interligadas e uma depende da outra. Ter liberdade de pensamento e imparcialidade na vida são motivos pelos quais eu não tenho religião, partido político ou clube de futebol.

Quero viver o sentimento de realização pessoal e profissional. Viajar e conhecer outras culturas.

Ter tempo de qualidade, pois o tempo é o segundo bem mais precioso na vida, a seguir à saúde.

Ter uma vida económica razoável, investindo na minha independência financeira. Residir numa vivenda simples, com um projeto de interiores desenvolvido por mim.

Quero um carro para me deslocar e trabalhar em algo de que goste. Algo que englobe sentir-me útil na sociedade, ajudando os outros. De preferência no empreendedorismo, sendo responsável pelos meus resultados. Nunca me identifiquei no sistema empresarial. Há trabalhos que te exploram, não te valorizam, ganhas uma miséria, provocam insatisfação e submissão pelo medo do despedimento.

Atrevo-me a dizer que há um número mínimo de pessoas que gosta do seu trabalho. Caso contrário, porque se anseia tanto pela sexta-feira ou pelo dia da folga? Para descansar?

Confúcio dizia, "escolhe um trabalho de que gostes e não terás de trabalhar nem um só dia da tua vida."

Melhorar a vida das pessoas é uma das minhas metas profissionais. Julgo que o livro conseguirá alcançar este objetivo.

Eu tinha muitas dúvidas em compreender como alcançar resultados e comecei a perceber que a dificuldade não era só minha.

Eu não sabia como alcançar os objetivos que queria. Apenas sabia o que queria mas não sabia como lá chegar. Talvez por isso olhamos tanto para os outros.

Eu ficava frustrada quando ouvia "se queres luta para ter". Eu ficava ainda mais baralhada.

Define o que é "luta para ter" perguntava eu.

Nunca ouvia explicação. Uma explicação lógica de como ir do ponto A ao ponto B. O que é que eu tenho de fazer? Ouvia muitas vezes a expressão "estamos na luta". Esteve e está na moda.

Mas o que é isso? Estar na luta que dizer que a vida é uma luta? Tem assim tanta conotação negativa?

A vida é para andar aqui a ver quem aguenta mais o sofrimento?

Mas isto faz algum sentido? Ou dizem da boca para fora porque fica bem?

Na prática, a maior parte das pessoas não sabe como alcançar o sucesso. Há um número reduzido de pessoas que verdadeiramente estão felizes. Verifico que há outras que precisam mais de parecer do que de ser, e muitas não têm consciência da figura ridícula que fazem.

Há ainda outras que estão cheias de problemas por resolver, mas olham para o sucesso do vizinho com inveja, insatisfação, porque simplesmente não sabem os passos a tomar para alcançarem o que querem. Se soubessem, estavam focados na sua vida e não olhavam tanto para a dos outros. Acabava-se com os comentários e as dicas que dão, quando ninguém as pede.

Opiniões toda a gente sabe dar.

E soluções, também toda a gente sabe apresentar?

Há uma mania de julgar o outro quando na verdade não somos ninguém para julgar.

O tempo fará o julgamento. O tempo é que mostra as consequências das tuas escolhas. Sejam boas ou más.

O meu ideal de SUCESSO parece simples para a maior parte das pessoas. Quem é que hoje em dia não consegue ter uma casa de que goste e um carro para lhe facilitar a vida?

Na prática, correu tudo ao contrário. Continua a leitura que irás descobrir.

Definir o meu EU. Desde sempre, nunca me senti enquadrada no modelo dito "normal" na sociedade. Será que há algum modelo "normal"? Algo que nunca entendi.

Nós somos únicos e a diversidade deve de ser respeitada. Eu não sou obrigada a pertencer "à manada" e ser igual aos outros só para ser aceite na sociedade. Isto é uma questão de mentalidade.

Se eu estivesse assim tão errada, responde-me, porque é que há tanta gente a sentir-se infeliz nos dias de hoje?

Sei que a primeira impressão que os outros têm de mim não é positiva. Acham-me arrogante, antipática, antissocial ou "com a mania". Na realidade eu não sou assim. Apenas socializo quando sinto interesse nas conversas que oiço e sou seletiva.

Pode ser bom, ou não, dependendo do ponto de vista e do objetivo de cada um.

A primeira impressão é importante, mas não é o que te define como pessoa. É por isso que não deves julgar pela aparência. Deveria haver consciência disso. O ser humano é visual e julga o outro, nos primeiros segundos, pela imagem que vê. Mas também é racional e deveria saber que não deve julgar nesses primeiros segundos, porque algumas vezes interpreta mal.

Se eu me importo?

Não. Eu sei que vivo em sociedade, mas não são os outros que definem a minha essência. Tem de haver fronteiras e não deves viver a vida em função dos outros.

Sou frontal e tenho opinião própria. Gosto de questionar e isso não me traz vantagens nenhumas na sociedade atual. Rapidamente aprendi que não podes questionar nada. Deves apenas aceitar a informação que te passam. Estás tramada da vida sempre que questionas o que quer que seja, porque vais pagar um preço bem alto!

Nunca me enquadrei em grupos da escola. Não encontrava sentido algum em ter de me comportar ou vestir da maneira A ou B, só para ser "aceite". Ser "aceite" por quem? Por aquelas pessoas que passam pela tua vida num curto período de tempo? São poucas as que ficam. E essas pessoas, onde estão, quando tu precisares delas?

É fundamental evoluíres como pessoa, mas não mudares a tua essência.

Atualmente estou presente em poucos grupos nas redes sociais e raras são as vezes em que dou opinião. Porque cheguei à conclusão que os grupos são úteis em pequena escala, tendo em conta as ofensas gratuitas a que as pessoas se sujeitam. Basta teres uma opinião diferente para seres ofendida, porque não há respeito. E muitas vezes as opiniões são ignorantes, sem sentido e não solucionam nada.

As redes sociais são o alimento do mundo virtual que apresenta duas situações. A positiva, onde o mundo é perfeito, e a negativa, que espelha a podridão do mundo real.

A futilidade é algo que eu não compreendo. A submissão então é algo que me tira do sério. Nada pior que perguntar "é assim porquê?" e receber como resposta "é assim, porque é". "Porque é assim" não é resposta! É, porquê?

Porque é mais fácil deixar andar o que está mal do que unir as pessoas e dizer "não, não está certo!?" Não entendo porque não se questionam as coisas à nossa volta. Aceita-se e pronto.

Não sei, mas um dia "alguém" se lembra de nos obrigar a usar capacete dentro do carro e toda a gente usa porque "é assim".

Por consequência, a minha personalidade em nada me favorece e só me prejudica.

"Tem mau feitio" foi a conotação que sempre recebi. Hoje percebo que é "opinião própria" e que tem muita força.

Muitas opiniões próprias, juntas, formam opinião pública. E a opinião pública tem poder para mudar a sociedade.

Por isso TROCA A TUA OPINIÃO POR UMA SOLUÇÃO.

É um método eficaz para com os "mimimis" que não servem para nada. Particularmente nas redes sociais.

Olha o poder das modas.

Está na moda pintares os cabelos com cores fortes e dares asas à criatividade?

Quando eu tinha dezasseis anos e quis pintar o cabelo de azul metalizado chamaram-me de doida.

Naquela época aplicar tinta azul no cabelo era classificado de "anormal".

Porque é que não podia? Eu achava bonito.

Não podia porque pertencia à minoria. Atualmente este desejo passou a ser da maioria.

Parece que opinião pública permite ditar as regras e alterá-las. O que antes era "anormal" porque ninguém queria, passado uns anos passou a ser "normal" porque toda a gente começou a querer. Afinal, o poder está na moda que influencia os gostos das pessoas, ou são as pessoas que ditam as modas através do gosto coletivo?

A maioria faz a força. E quando a minoria questiona o mundo, o que acontece?

Muda o mundo para melhor, em comparação com os poucos que só causaram destruição.

Galileu Galilei, Nicolau Copérnico, Giordano Bruno, Charles Darwin, Sigmund Freud, Karl Marx, Albert Einstein, Henry Ford, Mahatma Gandhi, Confúcio, Buda, Paulo de Tarso, Platão, Simone de Beauvoir, Leonardo da Vinci, Isaac Newton, Martin Luther King, Dalai Lama, Nelson Mandela e muitos outros, melhoraram o mundo.

Não foram suficientes para espalhar a consciência mundial?

Lamento que estas pessoas acabem no esquecimento da sociedade entretida com futilidades. Pessoas que sacrificaram as suas vidas em benefício dos outros e não recebem o merecido reconhecimento.

O mundo só evolui quando as coisas à sua volta são questionadas e quando as soluções são colocadas em prática. Quando a união faz a força.

Descobri que o CONHECIMENTO é o que proporciona a ESTRATÉGIA, o plano de ação, o que te possibilita ir do ponto de partida para o ponto de chegada. Percebi que precisas de adquirir experiência de vida e, quando não a tens, o conhecimento obtido a partir dos livros ajuda-te a ultrapassar obstáculos mais facilmente, assim como a tomar decisões.

Eu já fiz tanta coisa errada. Percebi que o ensino escolar é teórico demais e não ajuda em quase nada na vida prática. É a experiência da vida que ensina mais! Deves aprender com a experiência de vida dos outros.

A escolaridade adquirida ao longo dos anos não foi útil para me ajudar a ultrapassar obstáculos. Não te ensina como lidar com as injustiças na vida, não te ensina a saber estar, a falar numa reunião de trabalho. Não te ensina o que é ser educado. Muito menos a ter consciência que vais encontrar todo o tipo de pessoas pela vida, do excelente ao mais reles.

Caso contrário, não se ouvia a célebre frase "se eu soubesse o que sei hoje". Era excelente, aos 20 anos, eu ter conhecimento de uma vida de 60. Não cometia tantos erros. Mas provavelmente não vivia tantas experiências. E é pela experiência que se aprende. Caímos e levantamo-nos.

O CONHECIMENTO é útil porque te permite levantar de forma inteligente, caíres menos vezes e aprenderes com os erros dos outros. Porque se caíres vezes sem conta, um dia ficas no chão sem força para te levantares.

Eu caí tantas vezes, que já sabia que lá à frente ia cair de novo. Então achava que já não valia a pena fazer nada. Estava errada! Levantei-me e aqui estou eu a passar CONHECIMENTO para que outras pessoas possam cair menos vezes do que eu.

CAPÍTULO

O nascimento

Na prática eu não era para estar aqui hoje. Nasci de cesariana e naquela altura os partos eram diferentes. Em 1983 já existiam ecografias e, pelos relatos que oiço a parte humana começava a ser valorizada. Nasci com alergia às proteínas do leite de vaca e por isso sucederam vários episódios tristes por um período de quatro meses. Naquele tempo era algo raro de acontecer e foi difícil de descobrir. Se eu estou aqui, provavelmente foi a dedicação, persistência e bom senso dos meus pais, por um médico que surgiu no meu caminho, ou por um milagre.

Pois em todas as profissões há excelentes profissionais e outros "nem por isso".

"Se eu e o teu pai tivéssemos dado autorização, neste momento tinhas cicatrizes nas orelhas e uns tubos interiores porque o Otorrinolaringologista achava que sim". Está visto que calhou um dos médicos "nem por isso". "Qual é a sua profissão? E a do seu marido? Vocês são uns ignorantes e não têm que dar palpites", disse o médico à minha mãe. Meses mais tarde teve consciência que a sua postura não foi das melhores. Naquela altura era impensável pôr em causa o conhecimento do médico ou ter opinião própria.

Provavelmente herdei o "gene da opinião própria". E ter opinião própria traz outras consequências.

Faz-me sempre confusão ler as dúvidas apresentadas nos grupos das mães: se devem deixar a criança chorar ou não, se devem acordar ou não acordar o bebé para comer. Porque há sempre opiniões contrárias. Quem tem de saber é a mãe. Procurar conhecimento, analisar, concluir e decidir. Não é ir pela conversa dos outros nas redes sociais.

"Mamãs, o meu bebé já tem quatro meses, o que acham de dar sopa?"

Vinte mães dizem que sim e cinco dizem que não. Então a mãe vai fazer uma escolha baseada na estatística das opiniões das outras mães.

Errado. A opinião própria não se forma só a partir da opinião dos outros. É importante pesquisar conhecimento e atualmente há excelentes livros sobre o tema da maternidade.

Quando fui mãe ouvi de um conhecido que deixar a criança chorar até fazia bem. Houve alguém que na altura me disse que "o pediatra do meu filho disse para deixar chorar, que depois ele cansa e cala-se." Eu fico doida com tamanha ignorância do ser humano.

Eu que sou a mãe, eu é que acho o que faz sentido. E para fazer sentido basta ir pelo raciocínio simples.

A criança só sabe comunicar pelo choro. Se chora é porque precisa de alguma coisa. Nem que seja de atenção. Mas pelos vistos há adultos que gostam de ser desprezados, é a conclusão a que chego. Eu preferi ser conotada como mãe "stressadinha", mas tentava não deixar a minha filha chorar.

Não consigo compreender porque os pais desprezam as crianças quando fazem birras, gritam e se mandam para o chão. Será que gostam do sentimento do desprezo?

Mas não se explica à criança que não precisa de estar a chorar? Não se fala com o filho? Depois admiram-se, lá no futuro, serem largados a um canto quando forem velhos. E acordar a criança para comer?

Mas isto faz algum sentido?

Mas o sono não é fundamental para o desenvolvimento da criança? E a mãe não precisa de dormir? Há que perguntarmos a nós próprios, pesquisar informação e termos consciência das coisas. Não é ir pelas modas, só porque o fulano A disse que era para fazer assim.

E o sufoco da criança comer de três em três horas? A criança tem fome, mas a mãe não dá comida porque o pediatra disse que só podia comer de três em três horas e ainda faltam vinte minutos para completar as três horas. E ter um pouco mais de calma e deixar a criança comer quando ela pedir? Cada criança é diferente e com ritmos diferentes. Há que procurar informação com sabedoria, analisar com calma e decidir por si próprio. Deixar as coisas fluírem com calma, encontrar um equilíbrio entre o conhecimento e nosso sentido intuitivo. E o instinto maternal? Será que há?

Por vezes vamos pela intuição e fazemos as escolhas certas.

 CAPÍTULO

A minha infância comparada com atual

Quando era criança, perguntava ao meu pai coisas que provavelmente a maior parte das crianças não perguntava, ou, se perguntavam, o assunto morria ali. A verdade é que nunca obtive resposta e hoje percebo porquê.

"Porque é que tens de dar dinheiro sempre que passas pela portagem?"

"Para me deixarem passar", a resposta óbvia que darias a uma criança.

"E para onde vai o dinheiro?" Essa resposta nunca conseguia ter.

Era neste tipo de perguntas que eu tinha curiosidade em saber respostas.

Mas qual é o pai ou a mãe que vai explicar ao seu filho a realidade da sociedade?

Não vai, porque as crianças não entendem. E mesmo que entendessem eu não teria coragem para explicar à minha filha o funcionamento do "mundo dos adultos". É triste demais.

Eu cresci e percebi para onde ia o dinheiro da portagem. Basta veres notícias.

Lembro-me perfeitamente de sentir um interesse enorme num pequeno quadro lá em casa. Eu já sabia ler, não entendia o significado do que estava lá escrito. Falava das fases da vida.

Na infância fui uma privilegiada!

Nos anos 80 as crianças ainda tinham o direito de brincar.

Tinham menos horas na sala de aula, as matérias eram mais simples e a atividade escolar acabava por volta das 15 horas. Se não me engano, a geração anterior à minha só tinhas aulas de manhã.

Hoje, as crianças são robôs nas salas de aula e têm intervalos reduzidos. Entram às 9 horas e levam com "injeções de matérias" que têm de ser dadas "porque sim" e saem às 16 horas.

As atividades extracurriculares até às 17 horas e 30 minutos são uma espécie de continuação de horário. E depois ainda acham estranho a depressão infantil ter aumentado nos últimos anos.

Resumindo, a tecnologia evoluiu a uma velocidade vertiginosa, mas o sistema de ensino é igual há anos.

Crianças caladas na sala de aula? Trabalhos de casa? Programas de ensino desajustados?

Tabuada até ao número 12? Frações no 2º ano? Atividades extracurriculares onde não prevalece a brincadeira?

Mas afinal qual é o benefício que a criança terá na vida prática adulta com tanta matéria?

E os trabalhos de casa?

Para os pais que são a favor, eu pergunto se gostam de estar horas da vossa preciosa vida no local de trabalho e ainda trazerem trabalho para casa. Também gostam?

É mais ou menos a sensação de ter trabalhos de casa para fazer. Pesquisem os sistemas de ensino na Noruega, Suécia, Finlândia ou Dinamarca.

Obviamente que em Portugal o sistema de ensino é desinteressante e os resultados estão à vista.

Apesar de haver discórdias nas opiniões dos pais, eu fico feliz em haver profissionais de saúde que explicam que os recreios são da maior importância na vida escolar.

Brincar é fundamental. Brincar estimula a convivência, a socialização e a imaginação. A imaginação é uma das ferramentas mais poderosas do ser humano. Quando a realidade te mina, tu perdes a esperança nas coisas. Perdes o otimismo e o positivismo. E quem és tu para afirmar tal coisa?

Fui criança no tempo em que brincávamos na rua uns com os outros.

Andava de bicicleta, brincava à apanhada, às escondidas, e sujar a roupa era um privilégio.

Hoje existe a questão da segurança. Outra aberração do ser humano, que em vez de evoluir está a regredir.

E a tecnologia? Muitas crianças não sabem brincar. Pegar numa boneca e pintar-lhe a cara, o cabelo e vesti-la, não é a mesma coisa que tocar no ecrã do Tablet e ver as roupas e a cor do cabelo da boneca virtual a mudarem.

Não concordas?

Então quando quiseres fazer a viagem dos teus sonhos, liga o Google Earth que é a mesma coisa. É a cultura do clique imediato.

E quando crescerem e forem adolescentes?

Provavelmente andam agarrados ao telemóvel como os adultos hoje em dia. Qualquer dia já não falamos, só escrevemos por mensagens.

As crianças têm acesso à tecnologia infinita do "entretém" ou estão nas atividades desportivas, para além das extracurriculares da escola. O que elas precisam é de atenção extra dos pais. E os pais têm disponibilidade mental para dar atenção aos filhos depois de um dia longo de trabalho?

Pergunta ao teu filho qual é a melhor coisa que lhe podes dar.

E levar amigos para casa uns dos outros como antigamente?

Nem pensar.

Porque quando se deixa as crianças brincar à vontade dentro de casa, só desarrumam, gritam, deixam tudo sujo e depois o adulto é que limpa e arruma. Eu acabei com isso. Porque a minha filha ficava feliz e eu infeliz. E para ficarmos as duas felizes, começámos a fazer outras atividades juntas. As mães às vezes parecem criadas-de-servir dos filhos.

E, nos dias de hoje, ninguém está para isso.

Basta comparar as festas de anos atuais com as de antigamente. Porque ser mãe hoje em dia é das tarefas mais exigentes de sempre. Não há folgas nem férias, o trabalho extra em casa não é remunerado ou valorizado. Arrumar, cozinhar, passar a ferro, ajudar nos trabalhos de casa e na higiene pessoal.

Um dia estava na praia sozinha e sem preocupações. E já não sei bem porquê, calhou em conversa com a pessoa da toalha ao lado, que eu estava no meu dia de "folga de mãe".

Levei uma tareia com o seu olhar fulminante. Nem sei como lhe respondi com tanta calma.

"Você acha que por eu tirar um dia para mim eu sou má mãe?

Então eu dedico-me noite e dia à minha filha, praticamente eu não dormi no seu primeiro ano de vida. Todos os dias eu dou-lhe o máximo de atenção, faço atividades, as refeições, o banho e conto a história antes de dormir. Faço praticamente tudo sozinha há quatro anos e não mereço um dia de descanso, porquê?

Você sabe que um filho está feliz, se tiver uma mãe feliz? E uma mãe feliz precisa de ter tempo para si, para poder estar calma e recarregar energias.

Sabe que quando a trago comigo, desloco-me em três transportes públicos numa viagem de duas horas de casa à praia? Trago-a no carrinho para que possa adormecer, trago o chapéu de praia, a mala da roupa e almoço no termo."

E eu não posso ter um dia de "folga de mãe" porquê?

Sou considerada egoísta ou má mãe por querer ter tempo para mim?

Hoje em dia, com tantas horas de trabalho, tantas horas na escola, pais e filhos andam impacientes e stressados. Quase que não sobra tempo para as relações humanas e familiares. E isto não é normal!

A sociedade está a transformar o anormal em normal.

E outra questão grave surge nos dias de hoje: a hiperatividade.

Uma criança, hoje, tem de ser um pequeno adulto, caso contrário é hiperativa. É medicada para estar quieta e há pais que ainda acham normal. Não, não é normal.

Tem défice de atenção?

Eu sou adulta, e quando recebo muita informação ao mesmo tempo não consigo raciocinar, quanto mais uma criança. Porque nos dias de hoje a velocidade e a quantidade de informação é gigante.

Gostava muito que houvesse uma reflexão profunda sobre este assunto.

Felizmente que os meus pais deixaram-me ser criança. Porque eu adorava cantar, o que na realidade era gritar. Ao ponto do meu pai fechar a porta do carro, entalar-me os dedos e ninguém perceber.

"Passas a vida a gritar, pensei que estavas a cantar como sempre."

Imaginem só a alegria que senti, quando recebi de prenda de anos um rádio com cassete e microfone!

Melhor mesmo, só no dia em que eu coloquei a língua no congelador e fiquei com ela lá colada.

Olha-me o raciocínio da criatura: "Tenho sede e quero água fria. Água fria é igual a gelo. Então, gelo não é preciso meter no copo da água, vai diretamente que é melhor."

Também houve o episódio de abrir a porta do carro em andamento. Saltar constantemente do sofá com o chapéu-de-chuva aberto a pensar que era um paraquedas.

Hoje em dia, já tinha sido qualificada como hiperativa, e medicada, para estar sossegadinha e caladinha como os miúdos são obrigados a estar em casa ou nas salas de aula.

Mas afinal porque é que esta realidade não muda?

Soluções?

Até a organização das mesas na sala de aula, no ensino pré-escolar, mudou.

Antes eram colocadas em forma de "U", permitindo aos alunos terem uma visão mais abrangente da sala e dos colegas, possibilitando ao professor maior flexibilidade de circulação.

Atualmente as mesas são distribuídas por várias filas ao longo da sala.

Não, eu não sou saudosista nem presa ao passado. Vejo alterações efetuadas ao longo dos anos que permitiram melhorias no ensino, mas outras são desastrosas.

Só há uma maneira. Unir opiniões usando as redes sociais. Fazendo pressão junto das entidades até se conseguir mudar. Sozinha não consigo mudar nada. Mas se todos os pais deste país e profissionais da área, juntos, exigirem reformas positivas no ensino, acredita que mudará!

Vejam como é o ensino nos países nórdicos. Pesquisem sobre o modelo.

Porque é que não se aplica em Portugal?

O ensino em Portugal está cada vez mais exigente para quê?

Qual é o objetivo?

Então as gerações anteriores como a minha, com horário escolar reduzido, são ignorantes?

Ou temos um horário escolar elevado porque não temos onde

deixar as crianças enquanto os pais trabalham?

Ou os pais trabalham horas a mais e não podem passar tempo de qualidade com os seus filhos?

Na Dinamarca "uma criança feliz será um adulto feliz". Esta é filosofia de base.

Provavelmente este conceito funciona lá, porque quando se atinge a idade adulta o país oferece condições para que as pessoas sejam felizes. Não sei. Mas é um dos países menos corruptos do mundo, é essa a informação que passa.

Eu fui uma criança feliz e passei por situações no mundo dos adultos que me deixaram muito infeliz.

Porque no meu país a estrutura do sistema é diferente e obrigou-me a passar por muitas dificuldades desnecessariamente. Os 16 anos de "injeção de matéria" na vida escolar não me serviram de nada quando eu quis resolver problemas na vida, nomeadamente com a Banca.

A única coisa que eu precisei, foi de saber ler, escrever e perceber que se não for eu a mexer-me, ninguém o fará por mim. Precisas de ter a mínima consciência de como resolver as situações. Se tiveres dinheiro as soluções funcionam de uma maneira, se não tiveres funcionam de outra. E isso nunca ninguém me explicou na escola.

Mas a felicidade não está dentro de nós?, perguntas-me tu.

Está, sim.

Por isso o melhor é aprenderes a gerir emoções desde criança, para que na idade adulta consigas ultrapassar obstáculos facilmente. Este é que é o grande segredo que ninguém te explica nem te ensina nas escolas.

CAPÍTULO

A questão da educação

Oiço muitas vezes que a educação começa em casa e que na escola é para aprender. Realmente o objetivo da escola é escolarizar.

E quando não há educação em casa como é que se resolve a falta de educação?

Soluções?

Então continuamos a bater na mesma tecla e não resolvemos os dois problemas principais. A falta de educação e a falta de tempo dos pais para poderem educar.

A disciplina de Educação Cívica já está implantada nas escolas?

"Educação Cívica" serve para ensinar os comportamentos a ter em sociedade. Não inventar mais regras. Mais regras e muita proibição não resolvem nada. Só piora. Existem regras para tudo, mas as regras básicas de convivência que interessam saber são desprezadas.

Lembro-me perfeitamente da zona onde morava, onde a polícia escoltava os miúdos desde a saída da escola até chegar ao bairro social, para evitar distúrbios.

Resolvia uma dificuldade na sociedade, mas não resolvia a questão fundamental do tempo.

Se os filhos passam o dia inteiro na escola como é que os pais têm tempo para educar?

Será que eu sou a única a questionar estas situações?

Tendo em conta que educar passa por um conjunto de ações, como acompanhá-lo nas rotinas diárias, levá-lo à escola, orientá--lo, explicar as regras básicas do civismo, dar-lhe atenção, brincar com ele, ajudar nos cuidados básicos, dialogar o máximo possível, como é que eu faço isto tudo em 3 ou 4 horas por dia?

Perguntar como foi o dia, saber o que aprendeu, o que comeu, se brincou com os amigos, simplesmente criar "laços". Laços que serão futuramente o pilar da vida adulta.

A resposta óbvia é que os pais têm de trabalhar para pagar contas, numa carga horária cada vez maior, e por isso as crianças são obrigadas a passarem pouco tempo com eles.

Logo aqui é formado um ciclo vicioso.

As crianças precisam de atenção!

Não importa as brincadeiras, a atenção é o que cria laços, não são os aparelhos do "entretém".

E, para isso, é preciso ter disponibilidade mental, que não existe porque os pais trabalham horas a mais num dia. Chega a ser ridícula a situação. Se eu trabalhar das 9 horas às 18 horas, sou obrigada a pagar uma ama, uma creche, um ATL, algo que me permita deixar a criança enquanto trabalho. Quando faço as contas ao dinheiro, verifico que "trabalho para aquecer" e, pior de tudo, a desinvestir na educação dos meus filhos, simplesmente por falta de tempo.

Porque normalmente o tempo que sobra é para fazer o jantar, ajudar nos trabalhos de casa, a higiene e cama. Resumindo, eu trabalho para ter uma situação financeira que me proporcione dar o melhor aos meus filhos, pagar as contas mensais, mas na prática passo pouquíssimo tempo do dia com eles. Não me permite dar-lhes o que realmente precisam.

Isto é que é "normal"? Será que os colégios internos é que são o futuro do ensino? E a importância do papel dos pais?

Quais as consequências da falta de tempo dos pais e do tempo a mais que as crianças passam nas escolas?

Soluções?

CAPÍTULO 6

A solução para a falta de tempo dos pais

Uma solução vantajosa quer para os pais, quer para os filhos, quer para solucionar o desemprego, quer para aumentar o poder de compra e a qualidade de vida, está em reduzir o horário laboral de 8 horas por dia. Porque é que o horário de trabalho não é alterado de 8 horas diárias para 5 horas diárias?

Há países em que a qualidade de vida e o tempo em família são primordiais.

Esta é uma ideia, que possibilitaria aos pais educar os seus filhos.

Como é que iria resolver o desemprego?

Simples. Criar dois turnos de 5 horas de trabalho. Este sistema já existe nos Centros Comerciais. Os horários de abertura e fecho são abrangidos por vários turnos.

Neste caso, dois turnos de 5 horas de trabalho possibilitam ter o dobro dos postos de trabalho e reduzir o desemprego.

Deste modo promove-se o emprego, a qualidade de vida, e a saúde mental. O problema do trabalho precário ficaria solucionado.

Na realidade, as empresas produzem mais com este método.

Olha para o horário das 9 às 18 horas.

Quantas horas tu passas no local de trabalho, fora de casa?

Contando com a hora do almoço, marcas no relógio 9 horas, o tempo que permaneces no local de trabalho.

Já para não falar que o rendimento e o desempenho vão reduzindo ao longo do dia.

Por mais 1 hora, o trabalho é dividido em dois turnos de 5 horas de trabalho para cada colaborador.

Um trabalha das 8 às 13 horas e o outro trabalhador entra às 13 horas e sai às 18 horas, por exemplo.

Os pais já podem estar mais tempo com os seus filhos. Há jovens no desemprego que não se importariam de trabalhar no turno das 13 às 18 horas.

Solucionava também o problema do desemprego. Reduzir as horas de trabalho de um colaborador permite abrir uma vaga de emprego para outro colaborador.

Possibilitava confecionar e consumir as refeições em casa. Nesta questão só falo por mim. É das maiores dificuldades que eu tenho. Planificar refeições, confecionar e deixar tudo pronto para o outro dia ou para a semana inteira. Mais tempo de vida gasto na cozinha ao final do dia, que poderia ser usado em família ou lazer, permitindo uma melhor qualidade de vida.

Quanto aos vencimentos?

Continuam iguais! Se for para aumentar, melhor ainda, porque em Portugal os ordenados são baixos e promovem a desigualdade social.

Todos ficam a ganhar. A produtividade nas empresas aumenta e a qualidade de vida aumenta nos funcionários. Mais postos de trabalho, mais poder de compra, mais tempo para a família, mais saúde mental, mais felicidade. E, assim, a sociedade evolui.

Portugal seria pioneiro a combater o desemprego, através da redução do horário de trabalho para cinco horas diárias, num primeiro turno, possibilitando a abertura de novos postos de trabalho, para efetuar o segundo turno.

A redução do horário de trabalho já acontece na Suécia, proporcionando uma melhor qualidade de vida. Um modelo que poderia vir a vingar no futuro um pouco por todo o mundo.

A que é que se resume a nossa vida?

Passas 8 horas do dia de vida no trabalho, ou seja, estás mais tempo com os colegas de trabalho do que com a tua família ou amigos. Gastas mais 1 hora em deslocações de casa para o trabalho e do trabalho para casa.

Mais 1 hora de pausa para o almoço, faz um total de 10 horas gastas do teu dia. E só tens 24 horas para gastar. Precisas de dormir 8 horas, e por isso sobram-te 6 horas. Retira também 1 hora que precisas para acordar e fazer a higiene pessoal. Logo sobram 5 horas do dia. Se tiveres crianças sobram 4 horas porque alguém terá de as vestir e alguém terá de preparar o pequeno-almoço. Normalmente estas tarefas cabem à mãe.

O cenário muda consoante a ajuda que tens. Com possibilidades económicas, alguém fará o trabalho doméstico por ti. Sem possibilidades económicas, gastas mais 2 horas do dia, caso o marido não ajude em nada. Vais ter de confecionar as refeições, dar banho à criança ou crianças, ajudar nos trabalhos de casa, preparar os lanches do outro dia e ainda limpar tudo no final do dia. Caso haja roupa a passar ou lavar, gastas mais 1 hora. Ao todo gastaste mais 3 horas das 4 horas que tinhas.

Queres um exemplo?

Acordas às 7 da manhã. Com tanta coisa para fazer, começas logo com stress. Andas a correr e despachas-te às 8 horas. Porque entretanto foste multitarefas e já colocaste a roupa para as crianças vestirem. Como não tens lá em casa robôs nem pequenos adultos, vão demorar mais tempo que tu a vestir-se, calçar-se e comer. E eles é que estão certos! Somos nós, adultos, que acordamos já com pressa.

Quem vive perto das escolas é um privilegiado, quem não vive gasta mais tempo na viagem. Às 9 horas deixa as crianças na escola. Quem não tem este horário, acorda mais cedo e deixa a sua criança no ATL às 8 da manhã. O que quer dizer que o seu filho passará 9 a 10 horas fora do ambiente familiar.

Depois passas 8 horas a trabalhar, fechada num sítio, ou não, dependendo do teu trabalho.

Sais às 18h, vais a correr buscar a criança ao ATL, o que permite estares com ele até à hora de dormir.

Como vens cansada e sem paciência será um enorme esforço dar-lhe toda a atenção de que a criança precisa. Mesmo assim vais buscar energia não sei onde e, com isto tudo, já gastaste uma data de horas do teu dia e da tua saúde. Restam umas 3 a 4 horas de tempo para a vida privada. Ainda vais ter de fazer o jantar e preparar a refeição do outro dia, ajudar nos trabalhos de casa e brincar o tempo que conseguires. Às 22 horas já estás de rastos e só pensas em dormir.

Caso a tua criança pratique desporto, junta mais uma hora em que ele não está contigo.

Pega num papel e numa caneta, desenha a tua rotina diária e vê o tempo que gastas em que áreas.

E depois querem que os adultos e as crianças sejam felizes como?

Será que só eu é que faço esta pergunta e tenho consciência que o problema é trabalhar demais e viver tempo de qualidade a menos?

Ainda há uma mentalidade persistente na sociedade que demonstra que o bom funcionário é aquele que fica no trabalho depois da hora de saída.

Alguém comentou comigo, há uns anos, que existem países que qualificam o funcionário como incompetente quando ele fica no escritório depois da hora de saída. Se ficou é porque não soube gerir corretamente o seu tempo e não alcançou os objetivos diários estabelecidos.

Esta maneira de pensar já começa a ganhar força.

CAPÍTULO 7

O sistema de ensino da "teoria à prática"

Hoje foi uma manhã de aprendizagem!

O "trabalho para casa" de fim de semana era uma ficha de Português. O primeiro exercício pedia para se escrever um texto usando várias palavras por ordem alfabética. Ora, o exercício em si, era difícil.

Aqui o está o problema do ensino atual. A ficha não era difícil para mim que sou a mãe e já aprendi tudo no tempo em que não era necessário aprender tanta matéria.

Nos dias de hoje, na maior parte das vezes não conseguimos ajudar os filhos. Eu falo por mim e tenho a certeza que não sou a única a ter a mesma dificuldade.

Em vez de facilitarmos, só complicamos. Mudámos e para pior!

Pior, só na geração dos avós. Meninos com dificuldade de aprendizagem levavam reguadas nas mãos ou com a vara na cabeça. Deveria ser um bom método para a informação entrar melhor no cérebro das crianças. Pura ignorância!

"Mas naquele tempo havia respeito" dirão alguns. Hoje, tanto os alunos como os pais dos alunos batem nos professores.

Muitas vezes a informação é descontextualizada. Há um grande aparato à volta da notícia durante um ou dois dias, e na verdade não resolvem nada, assim como não apresentam soluções. Estavas no local do acontecimento para saberes o que aconteceu? Quantas vezes se vê uma situação isolada sem contexto?

Porque é que não se vê notícias sobre os programas curriculares estarem desajustados às idades dos alunos?

CAPÍTULO

Explicar conceitos básicos na infância

Nós, adultos, complicamos demais as coisas. Quando explicamos algo às crianças, nós fazemo-lo de forma simplificada, concreta e objetiva. Usar este tipo de linguagem na vida adulta, ajuda bastante nalguns casos e áreas da vida. Há que descomplicar e simplificar desde a infância os conceitos do certo e do errado.

Se eu partilhar contigo uma bolacha o que tu sentes? Se eu te der os parabéns pela ótima leitura do texto o que tu sentes? Um sentimento bom.

Se eu te der um pontapé o que tu sentes? Se eu te empurrar o que tu sentes? Se eu te chamar nomes o que tu sentes? Um sentimento mau.

É simples, parece ingénuo, mas o lado emocional é muito importante.

O nosso lado emocional dita as regras do bom e do mau e não só. Se isto fosse explicado desde a infância, provavelmente na adolescência não havia tantas dúvidas e comportamentos "anormais".

Há que orientá-los, senão qualquer dia toda a gente acha banal os comportamentos "anormais", como a violência no namoro, seja ela física ou psicológica. O *bulling* passa a ser normal. Baterem-se uns aos outros é normal porque é uma forma de se defenderem.

Começa a ser natural sentirem-se confusos, humilhados, deprimidos e sem princípios orientadores.

É uma boa oportunidade para os oportunistas desocupados que procuram adolescentes desorientados na vida.

É o que se vê nos dias de hoje. A consequência de nunca terem aprendido a gerir emoções. Ninguém explica na escola o que é inteligência emocional.

E depois as pessoas acham estranho?

Continuamos a olhar apenas para a ausência dos pais. Entrou na moda o jogo da Baleia Azul. Eu não acho estranho. O jovem tem depressão? Olha à tua volta. Mas olha com consciência.

Os títulos das revistas e dos jornais mostram crime, violência e terror. Os programas de televisão, na maior parte das vezes, apresentam um conteúdo informativo mínimo, prevalecendo os *reality shows* onde não se aprende rigorosamente nada. Mas os concorrentes são admirados pelos jovens. Isto é que é a normalidade. As novelas só mostram os temas da vingança, ódio, quem é que mata quem, e os programas de domingo à noite só servem para entreter as pessoas e distraí-las dos problemas sérios que têm na vida.

Os pais, que são os elementos de referência, são obrigados a trabalhar 8 horas por dia, mais o tempo das deslocações de casa para o trabalho e do trabalho para casa. O mundo virtual ganha força e o faz-de-conta passa a ser real.

E depois querem adolescentes felizes como?

Há que mudar a sociedade urgentemente. Cada vez me convenço mais que o ser humano está a regredir.

Como é que é possível ficar feliz com o sofrimento do outro? Como é que é possível haver tanta hipocrisia e tantos "olhos nos umbigos"?

É na fase da infância que se quebra o ciclo vicioso!

Tem de se investir no conhecimento, na ética, nos valores e na educação. Há que acabar com as estruturaras em pirâmide. Porque em cima só estão alguns, à conta dos sacrifícios da minoria, que está em baixo. E na prática a força da pirâmide está na base e não no topo. A sociedade é que te faz acreditar no contrário.

Há que explicar a teoria do *bulling* logo na infância, por exemplo.

Há sempre alguém inferior e um que se julga superior. Normalmente tem plateia para ganhar força, mas na realidade quem tem problemas de inferioridade é o agressor. Nunca tive nenhuma situação dessas na escola. Presenciei algumas, até ao dia em que me "estalou o verniz". Ficou logo resolvido.

Nem o engraçadinho do agressor nem os amigos voltaram a fazer o mesmo.

O problema é deixar a primeira acontecer. Esta necessidade hierárquica de quem é o mais forte não se entende.

E quantas crianças têm medo e não contam aos pais?

E quantos pais vivem este drama e não o sabem resolver? Soluções?

CAPÍTULO

Desportos de combate nas atividades extracurriculares?

Um dia a minha filha perguntou-me porque é que as crianças batem umas nas outras. Não soube responder no momento, mas fiquei a pensar no assunto.

Porque as crianças batem tanto umas nas outras?

É pelo que veem na televisão? Jogos na Playstation ou no computador? É um período específico do desenvolvimento?

Na minha infância existia este fenómeno em pequena escala, mas agora está a aumentar. Soluções?

Desportos de combate nas disciplinas extracurriculares?

Não era mal pensado. Aprendem regras, disciplina, e que não se deve bater só por bater. Passam a necessidade de bater para o desporto. A escola não é a selva onde ganha o mais forte e onde perde o mais fraco. Isto não é a normalidade, mas é o que eu presencio.

As crianças batem-se umas às outras só porque sim. Gostaria de ver uma solução implantada e não tantos "mimimis" à volta dos problemas, pois não resolvem nada.

A mesma coisa com o mandar pedras. Até quando veem um animal no recreio, tipo lagartixa, mandam pedras.

Muda a tua filha de escola, dirias tu. E com este tema surge a questão da diferença entre escolas de "gueto" e escolas de "elite".

Não consigo compreender se a educação está diretamente ligada à questão económica.

Eu vejo um comportamento padrão nas pessoas com mais dinheiro e outro nas pessoas pobres.

Há quem coloque os filhos em colégios privados, há outros pais que são a favor da familiarização das diferenças de educação. Eu conheci os dois mundos enquanto estudante. E foi por esse motivo que eu preferi estudar longe de casa. Não queria passar pela insegurança e pela companhia selvática na escola perto de casa.

Um dia fui a uma entrevista de emprego para vigilante de transporte escolar. "É para a escola X, é tranquilo porque as crianças são calmas. Na escola Y já é mais complicado". Percebi logo que as crianças da escola X eram civilizadas e educadas em relação às da escola Y.

Eu sou a favor dos desportos de combate na questão da defesa pessoal.

Só quem não está atento à realidade é que não percebe a quantidade de abusos que existe no universo feminino. Era uma boa solução ensinar as mulheres a defenderem-se, por questões de segurança. Nada melhor do que na infância, porque quando chegar à adolescência ela vai precisar de saber como se defender porque a sociedade não sabe o que é igualdade de géneros.

Eu vestia-me sempre de forma simples para não chamar a atenção porque me deslocava de transportes públicos e não queria confusão.

Sou exagerada ou atenta ao que se está a passar no mundo?

Continuo a observar os pais que explicam aos filhos "bate com mais força para ver se ele gosta".

Não, ele não vai gostar e muito menos vai perceber que está a fazer mal. Incentivá-los só cria um ciclo vicioso.

Cada um explica da melhor forma possível. Muitos pais explicam desta forma porque existe um número mínimo de auxiliares nas escolas.

Este também é um dos problemas. Há cortes na educação e não há vagas para contratar. Depois o teu filho está entregue quase a si próprio.

Eu preferi explicar à minha filha de uma forma lógica e simples.

"Se eu te bater, tu a seguir bates-me para ver se eu gosto, eu de seguida bato-te, e tu bates-me de volta.

Às tantas ficamos a manhã toda a bater uma à outra para ver quem gosta mais, é isso?"

"Não."

"O teu colega bate a ele próprio?"

"Não."

"Então, quando alguém te bater, só tens de fazer cara feia, e dizer, 'não voltas a fazer porque eu não gostei, entendido?' De seguida falas com a professora, ou com a auxiliar – que na maior parte das vezes não faz nada – e por último falas comigo.

Contas-me sempre, para que eu te possa ajudar.

Não deves bater nos colegas porque é errado, mas em caso de defesa, bate também, para não ficares parada a levantar pontapés."

Está mais que na hora de resolver o problema e de encontrar soluções, porque eu já estou cansada de ouvir sempre a história dos colegas a baterem. Passou a ser normal, quando na realidade não é. E quando chegarem à fase da adolescência?

Hoje vejo adolescentes a filmarem-se a baterem uns nos outros e acharem este tipo de comportamento normal. Mas o que é que será que se passa na cabeça destes jovens?

E quando forem adultos?

Ficam mais "evoluídos" e aprendem que a "vingança é um prato que se serve frio" que é para o outro ver se gosta com mais intensidade?

Este é o raciocínio que eu vejo acontecer sistematicamente. E é um tema recorrente nas novelas.

"Mãe, já imaginaste se na minha escola colocassem umas casinhas no recreio para nós brincarmos à vontade? Com muitos brinquedos e que pudéssemos ficar muito tempo a brincar? Era o sossego das auxiliares. Acho que os meninos iam estar ocupados e não se iam lembrar de bater nos colegas."

Achei a ideia excelente vinda da cabeça de uma criança. Ela só não sabe que isso já existe, mas é privado e fora das escolas.

As atividades extracurriculares são uma "espécie" de prolongamento do "bem-comportado" em sala de aula porquê?

Porque não se colocam espaços de brincadeiras livres para as crianças, numa "espécie" de intervalo de longa duração?

As crianças necessitam de brincar enquanto são crianças. Porque a infância passa rápido e na idade adulta quase não se brinca.

Quantas vezes ouvi, em idade adulta, que deveria "deixar de ser criança". Que mentalidade!

Em conversa com uma amiga, ela disse-me: "Tirei a minha filha das atividades extracurriculares e ela melhorou as notas. Passava muito tempo na escola e poucas horas a brincar."

Tanta matéria vai garantir sucesso profissional e uma vida económica estável?

Ou nas próximas gerações não haverá oportunidades para todos e teremos uma desigualdade social ainda maior?

Olha para infância da década de 70 e 80 e olha para a infância agora.

Eu esforço-me para que a minha filha tenha acesso à infância que eu tive, mas está difícil!

Pergunta ao teu filho qual é a melhor coisa que lhe podes dar para brincar. Provavelmente, ele só quer a tua atenção.

CAPÍTULO 10

A evolução do ensino e das mentalidades

E se pensarmos na evolução do ensino?

Antigamente, no tempo dos meus avós, havia trabalho no campo, muita pobreza na generalidade, e um nível de analfabetismo elevado. Ir para a escola era só para alguns, nomeadamente quem tinha dinheiro.

Só alguns é que eram "doutores".

Depois evoluímos na escolarização e quase todos completavam a 4ª classe.

Os tempos foram passando, e os filhos desses pais de 4ª classe transformaram-se em "doutores".

Foi implantada a mentalidade de que quem tivesse um bom carro à porta de casa e uma boa roupa vestida já era respeitado.

Já era visto pelos outros como alguém importante. Por isso é que temos uma sociedade que gosta mais de parecer do que de ser.

Na minha geração somos todos "doutores" numa sociedade onde não há espaço para tantos "doutores".

Permanece a mentalidade que o senhor arquiteto é que sabe porque tem mais estudos. O pedreiro, o canalizador e todas as profissões de obra, são vistas como inferiores. Uns dirão que o edifício só existe porque o arquiteto é que o projetou. Ele é um ser dotado de sabedoria.

Assisti a esta mentalidade nos primeiros anos da faculdade.

Quando rebentar um cano lá em casa, chama o arquiteto que ele resolve-te o problema. É um ser dotado e instruído.

Por causa desta filosofia, onde a teoria não tem nada a ver com a prática, é que o meu desinteresse se instalou no curso de Arquitetura. Eu tinha interesse em saber executar, fazer na prática, não em teorias ou desenhos. Quando tive oportunidade de trabalhar nas remodelações, aprendi mais em cinco meses de prática, do que em cinco anos de teoria.

O arquiteto não sabe fazer uma canalização na parede, não sabe assentar tijolos, fazer cofragens, chapar massa, pintar paredes. Rigorosamente nada, mas depois "acha" que é melhor que os outros porque desenhou a obra.

Felizmente que nem toda a gente pensa assim.

Porque na prática são os menos instruídos que executam o que está no desenho do mais instruído.

Ideias todos nós temos, agora executá-las é que é difícil.

Porque uma ideia sem concretização não passa de uma mera intenção.

Esta mentalidade das pessoas acharem que são melhores do que os outros só porque têm um canudo, tem as consequências que se vê nos dias de hoje. É só "doutores" nas caixas dos supermercados, lojas de roupa ou assistentes administrativas. Ainda se vê com "maus olhos" as profissões sem canudo. Sem o "Dr." tratam-te de outra maneira em determinadas situações.

Só te dão credibilidade quando obténs o "Dr.". Podes não perceber nada do assunto, mas como és "doutor" a figura muda.

Achas que não é assim?

Eu própria ouvi muitas vezes, "estuda para seres alguém na vida".

Mas será que os estudos académicos, por si só, te definem como pessoa?

Um indivíduo é agricultor há mais de 20 anos. Percebe do assunto de trás para a frente e de frente para trás, mas ninguém lhe dá credibilidade porque não tem o "Dr.". Veste um fato e uma gravata, passa a ser engenheiro agrónomo. Problema resolvido. Achas que não?

Este tema do poder da imagem tem muito que se lhe diga!

Quando era estudante universitária consegui observar muita coisa. Comentava sempre com o meu amigo N. que um dia iria escrever um livro intitulado "O poder da imagem".

Fazia-me confusão como é que a imagem visual, por si só, tem a capacidade de gerar oportunidades ou gerar falsas realidades pelas aparências. Levei muito tempo a perceber o funcionamento do método.

Está mais que na hora da sociedade reformular a sua estrutura e mentalidades.

O médico opera o paciente. É útil à sociedade? E os enfermeiros são úteis? E toda a sua equipa técnica é útil? E os funcionários da limpeza são úteis? Todos são úteis nos respetivos lugares. Cada um tem uma função específica na sociedade, o que falta é o respeito entre a função de cada um. Na prática, os funcionários de limpeza não são vistos da mesma forma contributiva na sociedade. A limpeza é importante na sala de operações porque possibilita o médico de fazer o seu trabalho. Há uma ideia errada sobre o valor que as profissões têm na sociedade, que é confundido com o valor que o profissional tem pela atividade que desempenha.

Todos são importantes, porque todos trabalham em parceria para um objetivo comum. A área da saúde é das mais importantes na sociedade e das que eu mais admiro. É tudo uma questão de evolução de mentalidades.

Seria tudo mais simples se vivêssemos num sistema de parceria e não de competitividade, onde cada um é por si. Olha para o supersistema de organização das formigas, ou das abelhas. Temos muito que aprender com os animais.

Eles existem há mais tempo que nós no mundo, supostamente são seres irracionais mas dão lições a muitos seres humanos. Basta observar o amor incondicional dos animais de estimação. Mas, afinal, nós humanos é que somos animais racionais.

Dizem que uma sociedade pode ser qualificada pela maneira como trata os animais. É muito triste ver a realidade em Portugal. Se, na Holanda, adotaram medidas que funcionaram para combater o abandono de animais, como multas elevadas em caso de abandono e maus-tratos, esterilização, adoção consciente, porque é aqui continuamos a evoluir a passo de caracol?

E o desemprego? Todos os anos há milhares de alunos a formarem-se e depois não há vagas porquê?

Se, por um lado, há hospitais cheios de doentes para serem tratados e, por outro, médicos recém-formados, enfermeiros, auxiliares, o que é que falha?

Há professores no desemprego, quando na verdade há turmas enormes, e um número de auxiliares reduzido.

Porque isto acontece?

E as colocações de professores nas escolas? Professores residentes no Alentejo e Algarve são colocados no Norte?

Afinal porque não são colocados perto de casa?

Os tribunais estão cheios de processos, a Justiça é cara e vagarosa, mas todos os anos novos advogados saem das faculdades, sem vagas, diretos ao desemprego.

Porquê?

Educação, Saúde e Justiça. Os três pilares fundamentais numa sociedade. Que devem funcionar corretamente para termos uma sociedade evoluída.

CAPÍTULO

O meu percurso académico

Na minha época não havia jardim-de-infância. A pré-primária era um conceito novo. Não tínhamos de saber ler nem escrever antes dos 6 anos, praticamente brincávamos e era assim que deveria continuar a ser.

Basta perguntar às pessoas da geração dos anos 70 e 80, se havia "depressão infantil".

Eu fui uma sortuda porque não tinha de ser perfeita, nem a mais inteligente, nem ter as melhores notas, nem estar calada o tempo todo, nem ser a tal aluna bem-comportada.

E depois surge a pergunta, "quem és tu para dar palpites se não és professora, psicóloga ou 'doutora'"?

Eu sou a pessoa que um dia foi criança, aluna, e que desenvolveu opinião própria, questionando a sua experiência no ensino.

Passei por muitas "anedotas" que me permitem ter opinião própria. Por ter consciência que poderá haver jovens a passar pelo mesmo, é que estou a escrever este capítulo.

Nos cinco primeiros anos não me lembro de quase nada, para além de umas pequenas memórias no recreio e de uns jogos de lengalenga.

Obviamente, que cada criança é única e por isso a sua experiência é individual.

Tenho uma memória de duas professoras sentadas perto do quadro rodeadas de alunos. Lembro-me da "troca de lugares". Era eu a adulta e o professor a criança. Para mim deve ter sido importante porque é a única coisa que me lembro desse período escolar.

Do 5º ano não me lembro de nada e do 6º ano, só dos testes de ciências com 12 páginas e dos alunos tiravam más notas, inclusive eu.

No 7º, 8º e 9º anos, mudei de escola por opção própria. Demorava mais tempo de casa à escola, mas compensou.

O professor de Matemática era divertido e explicava muito bem. Acompanhou a minha turma nesses três anos e eu tirei boas notas.

A Geografia despertou-me interesse, mas a professora nada me dizia.

Recordo-me, até hoje, da minha admiração quando ouvi a explicação dos países ricos, pobres, desenvolvidos e subdesenvolvidos. Naquela época, Portugal era um país em desenvolvimento.

Lembro-me automaticamente de pensar que estas qualificações eram estranhas.

Então um indivíduo que nasce num país pobre tem a sua vida condicionada? Só quem nasce em países ricos é que tem direito a uma vida digna?

Então para um estar bem o outro tem de estar mal porque não há dinheiro para todos?

A água potável não é universal?

Agora imagina quando eu soube que os direitos humanos não são reconhecidos em todas as partes do mundo.

Aprendi o que era a globalização e passado 18 anos percebi que há mais desvantagens do que vantagens. Foi quando tive consciência do capitalismo e do sistema de impostos.

A disciplina de História foi o mistério do ensino para mim!

Eu não sei como é que eu fiz essa disciplina no 7º e 8º anos.

Só me lembro das datas da Primeira e Segunda Guerra Mundial e das aulas não terem contexto.

Para mim não havia sentido lógico, não havia uma cronologia no tempo, era o verdadeiro tormento e desinteresse total.

Eu sei que cada aluno é diferente, tem o seu gosto, o seu tempo de aprendizagem, o seu tipo de raciocínio e método de estudo. Mas não há o mínimo de atenção pelo indivíduo na sua singularidade. É assim que aparecem casos de alunos considerados "maus", desinteressados ou malcomportados. Aliás, alunos que na minha época foram qualificados desta forma, hoje são excelentes profissionais! Outro fenómeno do ensino.

O ensino não está feito para trabalhar o aluno. Enquanto não se entender que cada indivíduo possui qualidades únicas, que têm de ser descobertas, trabalhadas e orientadas, vamos ter um ensino igual para todos, monótono, que leva ao desinteresse coletivo.

Os alunos muitas vezes não são "maus", apenas estão desenquadrados das suas aptidões.

Os testes psicotécnicos eram feitos no 9º ano. Os resultados mostravam as nossas aptidões e ajudavam a escolher a área de estudo. São poucos jovens que, aos 15 anos, sabem convictamente o que querem da vida, mas hoje há cursos profissionais e tenho pena que na minha geração não houvesse tanta diversidade. Um ensino mais prático aproxima os jovens da realidade.

E quem sou eu para dar opinião sobre o ensino?

Fui aluna! Posso afirmar, convictamente, que para muitos alunos o secundário é uma experiência inesquecível tanto pela positiva como pela negativa. São os anos em que fazemos amigos para a vida, em que estamos na transição para a fase adulta. Os professores têm um papel fundamental, mas a sociedade teima em desvalorizá-los. Porquê?

Há excelentes professores que marcam a vida de um aluno pela positiva. Infelizmente há outros que deveriam ir plantar batatas e pensar na vida. Porque é que eu digo isto?

Nada melhor que contar as minhas experiências, positivas e negativas.

CAPÍTULO 12

A adolescência sem Internet

Parece impossível a adolescência sem Internet?

Depende da tua geração. Aliás, na minha infância só havia telefone fixo e as pessoas viviam na mesma. Na verdade, até eram mais felizes.

Na minha adolescência, não havia smarthphones, nem redes sociais e o Hotmail estava a dar os seus primeiros passos. Logo, vivíamos no mundo real.

Eu vinha de uma "escola pequena" e o liceu era enorme. Era reservada e observadora. Lembro-me de estar sentada no corredor principal a observar a "figurinha" das miúdas da época, na qual eu não me enquadrava. Não por ser antissocial, mas sim por ter opinião, gosto e identidade própria.

Toda a gente usava calças de ganga à boca-de-sino com uma ou duas cores. Mais claras até ao joelho, como se tivessem enfiado as pernas numa banheira de lixívia. Botas bicudas, elásticas, de salto alto fino. Casaco em couro, azul-escuro ou verde. Parecia que tinham uma espécie de "sebo" impermeável, algo que nunca percebi bem, mas era o máximo usar aquilo.

Nunca percebi esta questão das modas. Será que a malta usa X ou Y, para ser aceite nos grupos e na sociedade? Usam porque os outros usam?

Sempre me fez confusão certas questões que observava no dia-a-dia e não me enquadrava.

Engraçado, que passado estes anos todos, as pessoas continuam a parecer "cópias" umas das outras. Comparam, criticam, e seguem-se uns aos outros, só "porque sim". Faltam gosto e opinião própria, que requerem conhecimento adquirido, analisado e concluído.

Por exemplo, tu gostas do estilo A na pessoa A, mas como tu és a pessoa B, o estilo A não funciona para ti. Não vale a pena imitares, tens de encontrar o teu próprio estilo, olhando para ti.

E este raciocínio não se aprende em lado nenhum. Se na escola te ensinam matéria estilo autoclismo, que enche e despeja, como é que vais aprender a "pensar por ti"?

Aliás, um pensador é um anormal na sociedade. O correto é seguir os outros. Foi aqui que eu comecei a sentir na pele a diferença. Eu tinha opinião própria e colocava em causa as situações. Fazia uma simples pergunta, "é assim porquê?" Se a pessoa A se atirar para um poço tu vais atrás?

Tu nunca chegarás onde queres rapidamente por causa da tua maneira de pensar. Tens de mudar a mentalidade. Por isso é que eu criei uma fórmula. Porque vi isto vezes sem conta e não entendia porque é que só eu é que pensava de maneira diferente. Por isso eu não sentia inveja no universo feminino. Eu nunca olhava e comparava. Eu nem sequer sentia interesse na moda. É das áreas em que mais dificuldade eu tenho.

A comparação é algo incutido muitas vezes pelos pais. Há um hábito horrível de nos comparar com o primo X ou o vizinho Y. A minha mãe fazia isso e eu respondia-lhe: "eu não sou os outros e pouco me importo com o que os outros acham". Há pessoas que continuam sem evoluir.

Quando tu adquires conhecimento, deves analisar e concluir alguma coisa de forma sábia.

Aliás, isto é a base do "saber estudar". Algo que aprendi sozinha. Se não sabes explicar é porque não entendeste.

Este raciocínio é um dos ingredientes da fórmula EU+CONHECIMENTO=SUCESSO para alcançares os teus objetivos.

Por exemplo, tu olhas para uma amiga, ela é gira, veste bem, tem uma maquilhagem excelente e tem atenção de toda a gente.

O que acontece atualmente?

Uma mentalidade triste e infeliz que não leva ninguém a lado nenhum.

"Olha-me aquela fulana... como é que ela consegue estar gira e ter atenção de toda a gente e eu não..."

Porque é que isto acontece?

Simples. É uma questão de mentalidade e raciocínio.

Pensando de forma simples, tu vais olhar para ela de forma IGNORANTE, vais invejar, sentir-te inferior e criticar.

Obviamente dizes mal, porque na verdade tu ambicionas o mesmo para ti, mas não consegues lá chegar. E nunca vais lá chegar!

Porque tu és tu, e ela é ela. São duas pessoas únicas. E, se pensares bem, tu não queres ser ela, tu queres ter a mesma aceitação que ela tem dos outros.

Esta é a diferença entre admiração e a inveja.

Tu sentes admiração por uma pessoa quando ela representa uma referência para ti. A inveja é o resultado da admiração com a frustração. Tu primeiro sentes uma admiração, mas de seguida a pessoa deixa de ser uma referência para ti, porque tu passas a desejar ser como ela. Como isso não é possível, sentes frustração. A frustração é a ausência de resultados. É uma questão de raciocínio e de mentalidade.

CAPÍTULO

O primeiro obstáculo

Disciplina de História da Arte do 10º ano. A professora já tinha idade para se reformar e atualização não era a palavra principal do seu vocabulário. Eu não era a típica aluna favorita deste tipo de professora. Eu era reservada, gostava de aprender, mas não me enquadrava na "lambe-botice". A palavra que melhor se enquadra e que nos dias de hoje persiste em aparecer em determinadas situações.

Foi mais ou menos nesta época que comecei a ter consciência deste tipo de comportamento nas pessoas e dos resultados gerados a partir de tal atitude lamentável. Atitude que qualquer dia passa a ser normal. Simples, és lambe-botas e consegues os resultados mais rápida e facilmente.

Tinha poucos amigos no liceu e ainda hoje tenho poucos.

Eu gostava da disciplina, de fazer resumos, e de aprender.

Um dia, tinha um teste e a minha amiga I. pediu-me para lhe explicar a matéria.

Éramos muito amigas. Falava a minha linguagem. Guardo lembranças de momentos engraçados à conta da sua personalidade determinada.

Ter personalidade foi um dado fundamental que serviu para a minha pesquisa até chegar à fórmula. Para chegar aqui, eu tive de passar anos a observar, a questionar, a pensar, e a sentir-me uma completa anormal.

Sentia-me frustrada e desvalorizada porque pensava de forma diferente.

Só quando eu consegui juntar a informação "fragmentada" e adquirida ao longo de anos, em muitas situações, é que compreendi finalmente o "todo". Agora fazia sentido todos aqueles "pedaços" juntos. Afinal o meu raciocínio serviu para alguma coisa. Pôr a informação recebida em causa, analisar e formar uma opinião própria. É um dos ingredientes para alcançar o sucesso. Tu tens de acreditar em ti!

E foi por eu acreditar em mim que estou a partilhar as minhas histórias, porque provavelmente alguém neste momento está a passar por histórias idênticas, e não sabe como lidar com elas. Agora tem graça, mas na altura sentia-me humilhada e injustiçada.

Faltava meia hora para o teste. Expliquei tudo da melhor maneira que sabia enquanto a I. lia os meus apontamentos.

Resultado? Ela tirou 14 valores e eu 8 valores. Anos mais tarde rimos juntas ao lembrar que eu tinha tirado 8 valores o ano todo. Só passei à disciplina porque tirei 14 valores no teste final e porque era corrigido por um professor diferente. No ano seguinte a minha nota final foi de 17 valores.

Impressionante como no espaço de um ano me tornei inteligente!

Afinal era boa ou má aluna?

Simplesmente a professora lecionava de maneira diferente. Aqui está uma questão fundamental nos dias de hoje. A maneira de lecionar. Há professores que têm a capacidade de tornar as aulas interessantes e outros de tornar as aulas num martírio.

Esta história tem uns 17 anos, mas provavelmente continua atual nos dias de hoje. É por isso que eu a estou a contar. Porque, se for o teu caso, não desanimes, há sempre solução. Há sempre maneira de "dar a volta por cima" da situação. Verifica o problema e procura conhecimento para alcançares soluções. Fala com os teus pais e amigos.

Então eu estudava e não passava de 8 valores? E a minha amiga tirava 14 valores com as minhas explicações?

Simples. Primeiro porque a professora gostava de um típico específico de alunos nos quais eu não me enquadrava e, segundo, porque eu era muito boa a compreender, mas péssima a escrever.

A I. era excelente a escrever. Estudava música. Nunca conheci ninguém com uma gestão de tempo igual à dela. Andava sempre com uma agenda de bolso, onde cada página era composta pelas 24 horas do dia, com todos os espaços preenchidos. Ainda hoje não sei como ela conseguia fazer tanta coisa. O dia dela tinha 30 horas! Era uma rapariga de garra, focada e também lhe diziam "não vais conseguir fazer o ensino Secundário e o Conservatório de Música ao mesmo tempo."

Que tristeza pensar que hoje em dia ainda se ouve este tipo de desincentivo. A verdade é que ela conseguiu, com boas notas, através da excelente gestão de tempo.

Outra história?

Eu tenho várias, que nos dias de hoje continuam atuais.

Mas o que mais me aborrece é que toda a gente passa por situações destas e não faz nada.

Fazer o quê? Queixar-me a quem?

Hoje há mais informação que há 17 anos. Imagina só, sabendo eu o que sei hoje, como é que eu teria resolvido a situação. Uma queixa não tem força, não faz a diferença, mas muitas queixas ganham força e têm a capacidade de mudar as situações. Há que encontrar soluções. Hoje temos redes sociais que unem as pessoas e propagam a informação.

As minhas histórias mostram que os professores têm o poder de nos direcionar, influenciar na vida, pela positiva ou pela negativa.

CAPÍTULO

O segundo obstáculo

Primeiro dia de aulas da disciplina de Português do 11º ano. Visão geral da sala?

Todos em pé a conversar, cheios de energia e vigor, características da juventude.

Características fundamentais para alcançar o sucesso, mas que a sociedade, com a sua mentalidade retrógrada, teima em fazer contrariar. Torna os adultos insatisfeitos e sem energia para ultrapassar obstáculos. Nesta idade, os jovens não têm consciência plena do seu potencial.

A professora A., na casa dos 55 ou 60 anos, entrou na sala, caminhou altiva até ao lugar do professor, levantou a mesa e deixou-a cair num verdadeiro estrondo!

"Silêncio, quero todos calados!". Ficou logo apresentada.

Obviamente que o ano letivo ficou marcado pelo insucesso escolar. Corrigia os testes com um único traço em cima das respostas, assinalando "medíocre". Parecia que tinha um gosto especial em enxovalhar os alunos. Que "paupérrima" atitude.

Só existiam umas três ou quatro notas positivas entre os alunos. Eu não passava de 7, 8 ou 9 valores, numa escala de 0 a 20 valores. Por mais que me esforçasse, não passava daquilo. E, só passei à disciplina, assim como os outros colegas, porque os exames finais eram corrigidos por outro professor, fazendo a média final um resultado positivo.

Não sei se ainda há professores com este tipo de método de ensino. Porém, não cumprem certos objetivos como direcionar, encaminhar, ensinar, explicar, motivar e influenciar positivamente a vida do aluno.

E não é tarefa fácil nos dias de hoje.

CAPÍTULO

A influência positiva da professora

Lembro-me perfeitamente das professoras estagiárias de Português e de Inglês. A professora de Inglês era sempre atenciosa com os alunos. Mas, apesar da sua postura, eu não consegui sentir interesse na disciplina. Ainda hoje não gosto de línguas. A professora de Português era clara e objetiva a explicar. Sempre com muitos apontamentos nos livros. Lembro-me da minha turma ser "complicada" por ter mais de 35 alunos. Na época era uma confusão e hoje em dia uma irresponsabilidade, ter turmas tão grandes.

Não vale a pena inventar, porque em turmas pequenas aprendemos melhor e há mais atenção por parte do professor.

Se não partilhas da mesma opinião, diz-me porque é que os cursos especializados e caros são compostos por turmas pequenas?

Eu era aplicada e estudava, mas não sabia escrever. Não tinha consciência que esse era o motivo de ter más notas.

Tirei 5 valores no teste.

"Ana, o teu teste é baixo. Está cheio de erros. O teu português é fraquinho. Mas podes resolver o problema se adquirires o hábito de leitura. Eu, por exemplo, leio um livro uma vez por semana.

Lê o que tu quiseres, seja revistas, jornais, receitas de cozinha, o que tu gostares. O que importa é leres. Se começares hoje adquirir hábitos de leitura, aos poucos vais melhorando o teu português, darás menos erros, aprenderás a escrever melhor, e terás o teu problema resolvido a longo prazo."

Foi uma estratégia sábia!

Apontou o problema, apresentou uma solução, deu-me liberdade de escolha e ainda deu o seu exemplo como referência, de que era possível melhorar o Português.

E estava certa, a Professora E., porque eu adquiri o hábito de leitura e hoje estou a escrever um livro.

Mudou a jovem alma de forma positiva, simples, subtil, com as palavras certas.

Verdade que funcionou comigo e poderia não funcionar com outros alunos. Mas comigo funcionou porque não me obrigou a ler. Deixou a sugestão, como solução para resolver aquele problema a longo prazo. E disse que a curto prazo iria sentir melhorias. Rapidamente aquelas palavras ficaram-me na cabeça.

Pena que não foi minha professora nos três anos seguintes e tive de suportar a professora "do medíocre".

Pior mesmo, só o professor de educação física, que fazia testes escritos, onde todos os alunos tiravam negativas. Não sei qual era o objetivo, se eu estava num curso de Artes. Nunca senti empatia por pessoas com a mania da superioridade. "Hoje vamos ter uma aula que nunca mais na vida se irão esquecer". Teve a feliz ideia de dar uma aula de 'multi-salto', fazendo com que os alunos ficassem com dores nas pernas durante uma semana. Agora imagina como eu me senti a semana toda, obrigada a subir as escadas das três linhas de metro e dois autocarros, de casa à escola e da escola a casa. Será que há professores que sentem prazer em enxovalhar os alunos com atitudes destas? Será que têm estas atitudes porque estão diante de miúdos de 16 anos?

Estas três histórias servem para argumentar que há professores que não têm perfil para dar aulas, o que, juntamente com o sistema de ensino desinteressante, ajuda a que os alunos tenham comportamentos inadequados.

Que vontade é que eu tive de continuar a ter aulas com aquele professor?

Porque tudo ou quase tudo na vida tem um motivo. E não é por acaso que os alunos batem nos professores.

Se está correto? Obviamente que não! Mas porque acontece? Causas?

Se soubermos a causa resolvemos o problema. Simples.

Voltando ao exemplo da professora de História da Arte. O que é que aquilo provocou em mim? O que é que eu que lhe ia perguntar? Porque me dava 8 valores?

Como é que ela iria acreditar que eu estudava e era esforçada?

Quantas vezes não me deram credibilidade por eu ser miúda!

Tive muitas situações dessas na vida. Ainda hoje acontece, por ter um aspeto relativamente jovem. Só que hoje eu tenho conhecimento e experiência de vida.

Voltando aos hábitos de leitura e ao conselho sábio da professora E., rapidamente escolhi um livro.

Histórias verídicas eram a minha preferência. A literatura erótica despertava-me a curiosidade. Viajava no tempo, imaginava as personagens, os cenários e conseguia desligar da realidade. Depois daquela seguiram-se outras. Até porque eu demorava uma hora e meia de casa à escola, e outra hora e meia da escola a casa. Tinha muito tempo para ler nos transportes, coisa que hoje em dia não faria por fazer mal aos olhos e porque fico rapidamente mal-disposta.

Comecei a apaixonar-me pelo hábito da leitura.

Lembro-me da minha mãe me dizer que perdia tempo a "brincar" em vez de estudar. O pensamento ignorante que muita gente tem. Ela considerava a leitura brincadeira. Obviamente que não liguei e continuei.

Uma amiga dos meus pais tinha tentado incutir o hábito da leitura sem sucesso. Tudo o que é por obrigação não funciona comigo. A professora tinha deixado espaço para escolha.

CAPÍTULO 16

O "método autoclismo" é justo ou injusto?

Outro método verdadeiramente injusto é o "método autoclismo".

Lembro-me bem de uma colega no Liceu que tirava sempre 17, 18 e 19 valores nos testes, mas depois fazia perguntas tão "parvas" que ficava tudo a olhar para ela de boca aberta. Não me lembro especificamente das perguntas, mas eram dentro de uma linha de raciocínio básico. "Professora, o sinal verde do semáforo é para os carros andarem, não é?"

E eu pensava: como é que esta rapariga tira 18 valores nos testes, é vista como excelente aluna, mas depois faz estas perguntas tão básicas?

Sentia uma raiva daquilo. Era uma injustiça!

Então eu esforçava-me, estudava sozinha, e não passava de 12 ou 13 valores?

Obviamente que ninguém me explicou o porquê, e só uns anos mais tarde é que eu tomei consciência de que o ensino é injusto porque as notas "carimbam" o aluno. Eu tirava 13 valores, porque sabia interpretar, raciocinar e explicar a matéria, mas não sabia escrever corretamente. Ela não fazia grandes raciocínios, mas em compensação tinha uma capacidade gigante para decorar informação. Era ótima a decorar textos, com vírgulas e tudo. Dava respostas extensas nos testes e tirava boas notas. Era o "método autoclismo". Enchia e despejava.

Provavelmente passadas umas semanas já não se lembrava da matéria. Mas o que interessava?

Já tinha a classificação de 18 valores no teste, venha o próximo. Espero que as avaliações hoje em dia não sejam focadas só no resultado dos testes. Na altura também contava, supostamente, a participação nas aulas, comportamento e empenho, mas eu só via o resultado das notas dos testes. O que contava era o número.

O "método autoclismo" muitas vezes é usado na faculdade até tirares a média final do curso. É o teu bilhete na porta de entrada do mercado de trabalho. Foste um "chico-esperto" e sacana com os colegas na faculdade, mas tiraste boas notas e tens uma boa média?

Parece que não é importante porque a tua média alta faz-te passar à frente de outros que querem a mesma vaga de emprego que tu. Já para não falar da imagem e das vagas para os amigos dos amigos nalgumas situações. E depois admiram-se que a sociedade tenha tanta gente infeliz.

O sistema do "chico-esperto" é mais vantajoso em resultados do que o "método honesto".

Nos dias de hoje, é um verdadeiro milagre seres honesto sem seres pisado, passado para trás, ou sem abusarem da tua boa vontade. É preciso uma grande ginástica. Mas ser "lobo em pele de ovelha" tem um preço a pagar. Todas as escolhas têm o seu preço.

CAPÍTULO 17

O meu interesse na filosofia

Com o 10º, 11º e 12º ano vieram as disciplinas de Filosofia e Psicologia. Rapidamente o meu interesse surgiu.

Simples! Eu era boa a receber informação, a "processar" e a tirar conclusões. É o princípio para saber estudar. Muitas pessoas liam apontamentos. Se não sabes explicar o que está escrito é porque não entendeste.

Como é que se faz um pudim de baunilha?

Junta leite, o pudim em pó, vais mexendo para não agarrar ao fundo e quando levantar fervura desligas o lume. A mesma coisa se passava com a matéria da aula. O que é que o professor explicou hoje na aula? Muitas vezes ouvia o "não sei" ou "não entendi". É que ler até perceber não vai funcionar. E isso aconteceu comigo ao início. Depois descobri que era importante perceber a matéria. Mas depois não tinha consciência de que não sabia escrever. Ou seja, colocar no papel o pensamento de forma clara e objetiva. E por falar em "não entender", vou contar-vos mais uma história real do mundo escolar.

Disciplina de Filosofia no 10º ano. Achava as aulas interessantes e as minhas notas eram de 10 a 12 valores.

Havia uma ideia negativa da disciplina e a maior parte dos alunos não gostava.

"Para que é que serve a Filosofia? É para explicar o porquê das coisas ou algo assim. Não interessa para nada." Era isto que eu ouvia.

Como é que uma disciplina útil à vida prática tem uma ideia tão negativa?

Ninguém tem consciência de que a filosofia ensina cada um a pensar por si?

Também achas que não interessa saber o porquê das coisas?

Quando um dia fores despedida ou não fores escolhida na entrevista de emprego, quando o teu namorado te trocar por outra, quando tiveres falsos amigos na vida, quando tiveres problemas sem saber o que fazer, quando tiveres situações complicadas, garanto-te que irás perguntar o porquê.

Porquê eu?

Vais perguntar o porquê, e como não "paras", raciocinas e transformas as situações, vais ficar ali a bater na mesma tecla do porquê sem resposta e infeliz.

A Filosofia ensina a pensar e a questionar. Um exercício muito útil na vida adulta para alcançar o sucesso. É que não basta receber informação e pronto. Há que perceber a sua viabilidade.

Este raciocínio é a base para saberes transformar a tua vida. Aprender a ver as situações por vários ângulos. E para isso é necessário questionar o porquê das coisas.

No 11º ano tinha uma professora de Filosofia que simplesmente não entendia as minhas questões.

Naquela altura comecei a ter consciência que tinha um raciocínio diferente do da maior parte dos meus colegas. Já para não falar do universo feminino. Achava as conversas de perfumes e roupa uma futilidade incrível. Tão desinteressante que nos dias de hoje entrar numa loja e comprar roupa é um verdadeiro desafio!

Comecei a perceber que gostava de "ligar" a informação. Então lia e comparava as matérias entre os dois livros da escola com o outro que tinha em casa. Eu própria tirava as minhas dúvidas. De início ainda explicava à professora a dúvida que tinha e a que conclusão a que chegava. Mas depois já não perguntava nada. Tirava boa nota e só não tirava excelentes porque não sabia escrever. Que pena que não havia o Google na minha época de liceu. Era uma "trabalheira" só para conseguir tirar uma dúvida que depois de concluída parecia simples.

CAPÍTULO

A minha vez de brilhar nos estudos

No 12º ano é que foi a verdadeira alegria. Nova professora de Filosofia. Provavelmente não seria a disciplina favorita dos alunos, mas era a minha.

Era muito enérgica, falava rápido e no primeiro dia de aulas fez um esquema simples que ainda hoje uso. Uma linha horizontal com dois pontos. O primeiro e último ponto representavam o início e fim do 1º período. Os seguintes pontos continham as datas das aulas e respetivas matérias. Aquilo foi música para os meus ouvidos. Era lógico, simples, compreensível e funcional para mim.

Lembro-me da "Crítica da Razão Pura" de Kant e do "Mundo das Ideias" de Platão. Mas o que me marcou verdadeiramente foi "Da Dúvida ao Cogito" de Descartes. Fiquei maravilhada com a explicação passo a passo daquela teoria. Aquilo para mim fazia todo o sentido, era simples de compreender, mas a maior parte das pessoas não gostava e passar com os 10 valores era o suficiente.

O que é que teve graça nestas histórias?

Da mesma forma que eu tinha sido injustiçada em História da Arte, aqui estava em super-vantagem em relação aos colegas.

Porque a disciplina se adequava a mim. Eu gostava de lógica, de raciocínio, da dúvida, da explicação e da solução. Não era boa a decorar nem em línguas. Apesar do raciocínio, os números também não me despertavam interesse. Mas era bastante criativa.

Achava a disciplina de Psicologia muito interessante, mas não o suficiente para seguir essa área de estudo. Havia uma ideia geral de que o psicólogo só conversava, mas não solucionava problemas. Para conversar, qualquer um pode conversar consigo próprio e obter respostas. A minha função seria ficar ali a ouvir pessoas?

Dezasseis anos depois é que percebi que a maior parte das pessoas não conhece o seu EU interior, a sua essência. Não tira tempo para si, não reflete sobre a vida, não fala consigo própria, nem está habituada a refletir sobre os porquês da vida. Quer respostas, mas não sabe fazer as perguntas certas. Se não faz perguntas a si própria, não é nos outros que vai obter respostas.

CAPÍTULO

"Chico-esperto" ou metodologia funcional?

Eu fui das poucas alunas que li "Os Maias" porque sentia curiosidade. Demorei quase três semanas a ler o livro. A maior parte dos colegas leu o resumo. Atitude de "chico-esperto" ou solução funcional?

Qual a utilidade prática que "Os Maias" têm na vida adulta?

Porque é que eu não posso ler o resumo e ficar a saber o conteúdo que interessa?

Numa disciplina do ensino universitário era necessário ler mais de 10 livros num semestre para a realização do exame. O método dos resumos foi funcional. A turma foi dividida por grupos de trabalho e cada grupo apresentou o seu livro aos colegas. Os grupos de trabalho são funcionais? Há sempre a parte negativa dos que não trabalham. Já ouvi histórias surreais.

Há livros com os resumos das matérias escolares e de apoio ao estudo muito úteis à vida prática.

Eu sei que as respostas são variadas. Aqui está um dos problemas da sociedade atual. Muita opinião e pouca solução! Toda a gente acha tudo e mais alguma coisa. Estamos numa época de muitos "entendidos nos assuntos".

Devemos estudar mais obras de pessoas que mudaram a sociedade nos séculos XX e XXI. Matérias mais interessantes, atuais e que possam inspirar os alunos.

É preciso rever programas e metodologias de ensino. Perguntem aos alunos o que eles acham.

Para mim, ler "Os Lusíadas" foi desinteressante porque utilizava uma linguagem simbólica e difícil de compreender. Toda a gente aprende na escola a importância que Portugal teve nos Descobrimentos.

E a importância de Portugal na actualidade?

Só mesmo para ter consciência do que foi Portugal e no que está transformado agora. Não é só no futebol que somos "grandiosos". Na gastronomia, no clima, no nível de segurança, na diversidade de paisagens e na costa esplêndida que temos de Norte a Sul.

Mas, em contrapartida, são os turistas que têm poder de compra. O desemprego é tão assustador quanto os trabalhos precários ou os falsos recibos verdes. As pessoas são obrigadas a emigrar à procura de melhores condições de vida. O número de pessoas que são consideradas velhas para trabalhar, mas ainda jovens para obter a reforma, é assustador.

O panorama da política nestes últimos anos e as consequências da austeridade são de levar as mãos à cabeça!

Gostei muito de ler o "Sermão do Santo António aos Peixes". A única parte que me ficou na memória foi a descrição dos homens na sociedade corrupta.

"A primeira cousa que me desedifica, peixes, de vós, é que vos comeis uns aos outros. (...) Não só vos comeis uns aos outos, senão os grandes comem os pequenos. Se fora pelo contrário, era menos mal. (...) mas como os grandes comem os pequenos, não basta cem pequenos, nem mil, para um só grande. (...) Morreu algum deles, vereis logo tantos sobre o miserável a despedeçá-lo e comê-lo. Comem-no os herdeiros, comem-no os testamenteiros, comem-no os legatários, comem-no os credores; comem-no os oficiais dos orfãos e os dos defuntos e ausentes; come-o o médico, que o curou ou ajudou a morrer; come-o o sangrador que lhe tirou o sangue; come-a a mesma mulher, que de má vontade lhe dá para a mortalha o lençol mais velho da casa; come-o o que lhe abre a cova, o que tange os sinos, e os que, cantando, o levam a enterrar; enfim, ainda o pobre defunto o não comeu a terra, e já o tem comido toda a terra."

Esta obra é útil na vida prática dos alunos porque continua numa atualidade surpreendente.

Eu só pensava para comigo:

"Qual será o motivo, pelo qual o Padre António Vieira não utiliza uma linguagem clara e objectiva?"

Provavelmente porque lutou contra a escravidão dos índios numa época em que era normal ter escravos. Defendeu a liberdade religiosa num tempo em que os suspeitos eram condenados pela Inquisição. Denunciou a corrupção que existia na época, nomeadamente a exploração dos pequenos pelos grandes. E porque a linguagem simbólica permite a interpretação e o entendimento subjectivo de cada um.

Há tanta corrupção no mundo que julgo ser impossível combatê-la. Como é que se resolve esse problema?

Com transparência nos atos do poder, alto grau de instrução da população e igualdade social.

Começo a ficar preocupada quando a questão moral é ultrapassada. Os honestos estão em vias de extinção. Será que o sistema os obriga a serem desonestos?

Comparemos o nível de corrupção do Brasil com o da Suécia por exemplo. É muito triste ver o sistema viciado e a população descontente sem poder fazer nada.

Porque quando a ganância do ser humano é o combustível para fazer o mundo girar, não se pode ter resultados positivos.

CAPÍTULO 20

Os grupos no liceu

É normal pertencer a grupos na sociedade, quando um conjunto de gostos ou interesses são comuns a várias pessoas. Por esse motivo, elas juntam-se.

O que não é normal é tu mudares os teus gostos, interesses ou personalidade para pertenceres a um grupo e seres "aceite" em sociedade.

Foi dos fenómenos que mais observei na época do liceu e que não compreendia. Eu questionava-me.

Será que é assim tão mau ser único?

É assim tão mau não ser aceite pelos outros?

Mas porque é que o ser humano tem assim tanta necessidade de aceitação? Mas porque é que eu tenho de mudar o meu gosto só porque os outros gostam de coisas diferentes? E porque é que há uma necessidade tão grande de ser "cool"?

Nunca me enquadrei em nenhum grupo. Eu sou única e quem não gostar, paciência. Eu não tenho de agradar a toda a gente. A pessoa a que eu tenho de agradar é a mim própria e de seguida a todos aqueles que são importantes na minha vida.

E paguei um preço bem alto por esta postura única na sociedade. Tinha poucas amigas no Liceu. E também elas tinham estilo próprio. Porque será que a individualidade é vista com maus olhos?

Simplesmente é mais fácil "mudares" a tua essência e agradar toda a gente, do que ser visto como o "inadaptado da sociedade". Carimbam-te pela tua maneira de estar na vida ser diferente.

Mas passados estes anos todos, tive o privilégio de ver as consequências que o comportamento "submisso" tem na vida das pessoas que precisam de ser aceites pelos outros. Bonito é quando os outros desaparecem da tua vida. E depois? Vais agradar a quem? Aos que aparecerão futuramente?

Lembro-me de uma tarde em que um grupo de raparigas veio falar comigo. Precisavam que eu desse umas dicas de comportamento extrovertido a uma amiga, que simplesmente era diferente das outras todas. Olha que ideia mais inútil. A M. era uma pessoa calma e o seu interesse estava na medicina. E provavelmente era mais "fechada" porque as conversas fúteis de perfumes e companhia não lhe despertavam interesse. Falei com ela e disse-lhe "se gostas de medicina, estuda e não ligues ao que os outros acham. Não tens de modificar nada em ti só porque os outros acham que tens de ser extrovertida". Nunca mais soube nada sobre a tal rapariga.

Pior só mesmo as praxes.

Estava com a minha filha no Campo Grande a andar de barco a remos. "Mãe, o que é que aquelas pessoas vestidas de preto estão a fazer? Estão todos ali em grupo a fazer o quê?"

E nesse momento eu tive consciência plena de como a explicação da praxe mostra a sua essência ridícula.

Respondi que um ou dois alunos estavam a dar ordens ao grupo. Simplesmente mandavam fazer coisas sem sentido nenhum.

"Ó por favor!" Respondeu-me.

E naquele instante senti pena de não lhe poder explicar que não eram só as ordens.

É a palhaçada das hierarquias incutidas nas pessoas que não questionam o porquê das coisas. As regras e regulamentos da hierarquia do mundo académico sem fundamento suficiente só servem para humilhar as pessoas. Gostam de hierarquias?

Vão gostar muito do mundo empresarial porque ainda não perceberam que as hierarquias são um dos problemas no mundo. As hierarquias existem pelos diversos níveis de responsabilidade dentro de uma empresa. O problema é quando a responsabilidade deixa de ser o fator mais importante, para passar a ser um instrumento de superioridade, que permite humilhar o outro, que está num nível inferior.

Para aqueles que acham que as praxes são "ações de confraternização", eu pergunto para onde é que vai a confraternização quando tu precisares de apontamentos para estudar?

Onde é que estão os tipos que te praxaram quando tu sentires dificuldades e tiveres más notas nos exames?

E quando tiveres dificuldades na ligação com os professores?

E quando te sentires injustiçado com colegas que se "encostam" nos trabalhos de grupo?

Na minha época essas pessoas que praxavam, os tais veteranos, passavam a maior parte do tempo no bar da escola. Normalmente estão na casa dos 30 anos, a ocupar a vaga de quem quer estudar.

Eu nunca fui praxada porque questionei e não encontrei sentido nenhum nesse ato muito, menos nas regras. Existem regras para tudo e depois admiram-se que as pessoas na vida adulta sejam tão infelizes.

Mas em que é que a praxe contribui para o meu percurso académico? Receber ordens contribui?

Andar descalço na rua faz-me estudar melhor? E levar com porcarias na cara, no cabelo e sujar a roupa faz-me ser "cool" aos olhos dos outros? E eu tenho que fazer e não reclamar porquê?

No Liceu cheguei a ver um tipo amarrado a um poste, todo sujo, a ser gozado por todos. Mas como é "cool" a confraternização da praxe e ser "enxovalhado por todos, ele aguentou a humilhação. Só gostava de saber se neste momento já subiu na hierarquia de alguma empresa e já pode "enxovalhar" os outros que estão abaixo. Provavelmente não subiu para lado nenhum e continua a receber ordens de alguém superior a ele. Tem a sua piada, pensar nisto. O ser humano tem uma necessidade de superioridade que não se entende. Confunde-se hierarquia de responsabilidades com hierarquias de submissão. Atualmente já sabem a diferença entre um chefe e um líder, por exemplo.

Mais dificuldade encontrei eu, quando a minha filha me perguntou o que era uma tourada.

Utilizei a mesma linguagem simples. Basicamente há um touro e um tipo que anda a chatear o touro para que ele fique bravo e depois espeta-lhe uma espécie de espadas, chamadas bandarilhas, até morrer num recinto cheio de pessoas que aplaudem e adoram ver aquilo.

"E isso serve para quê? As pessoas gostam disso?"

"Há quem goste e diga que é tradição", respondi-lhe.

"O que é tradição?" Tradição é o que as pessoas costumam fazer durante muitos anos.

Fiquei a pensar naquilo e na justificação que permite tais atos primitivos. A mesma justificação presente na mutilação genital feminina. É um tema que já começa a ser falado.

Será que o ser humano tem consciência de que é tão primitivo? Das barbaridades que comete? Do comportamento que tem em certas situações?

Há quem goste e desgoste da tauromaquia, que tem legislação própria, regalias e privilégios.

CAPÍTULO 21

O mundo masculino

Foi mais ou menos nesta época do liceu que eu comecei a perceber que o mundo estava dividido em masculino e feminino. Comecei a perceber as diferenças entre ambos na maneira de pensar, na maneira de estar e nas oportunidades.

Como?

Primeiro porque eu não conseguia enquadrar-me nos grupos das raparigas. Fui bem aceite nos grupos dos rapazes. Simplesmente porque eram mais práticos nas conversas e não complicavam tanto. Tinham outros interesses. Foi a época em que eu comecei a ter consciência da disputa, inveja e da intriga dentro do universo feminino. É quase inexplicável, mas as mulheres são muito invejosas umas com as outras. Mais do que os homens. Conseguem desenvolver a "inteligência da maldade".

Só conhecia a teoria das inteligências múltiplas, mas este tipo de inteligência cresce nos dias de hoje a uma velocidade furiosa. Por isso é que eu tenho pouquíssimas amigas. Revelam-se pela negativa por isso raramente dou o benefício da dúvida, e mais vale não fazer amizades.

O outro fenómeno que eu percebi rapidamente foi a questão emocional nas raparigas e o grande oportunismo dos rapazes.

Eu via muitos rapazes "usarem" as raparigas como se a conquista alcançada fosse o troféu da virilidade.

Era uma coisa meio estúpida. Eu não conseguia perceber aquilo, mas via sistematicamente as raparigas "caidinhas" pelos rapazes e nunca o contrário.

E, pior. Depois de conquistadas eram largadas, na maior parte das vezes, porque já não eram úteis. O tempo de diversão já tinha chegado ao fim. Depois choravam e achavam-se inferiores pela situação. Que tontice!

Não faço ideia de como funciona agora, mas na minha época eu percebi rapidamente que não queria aquilo para mim. Então não me apegava a ninguém. Já mais seria o "bobo da corte" de um palerma qualquer. O melhor então é não me "agarrar" a ninguém. Escusado será dizer que nunca tive nenhum namorado nesta idade.

Agora percebo a importância que as emoções têm nesta idade e de como ninguém percebe nada do assunto porque andam meio desnorteados.

E, para ajudar pela negativa, tens programas de televisão que só mostram relações físicas, sexuais, perfeitas, entre pares ditos bonitos e desejáveis. Desta forma ninguém adquire muito conhecimento sobre o assunto. Parece que hoje em dia é tudo descartável. E depois querem sentir-se felizes como?

Não sabem o que é o respeito pelo outro nem sabem o que é igualdade de géneros. Confundem amor com atração sexual. Não se valoriza o interior ou a personalidade da outra pessoa porque o que conta é só o exterior. Muito menos sabem colocar-se no lugar do outro. Já na minha adolescência os rapazes diziam, "nós bem queríamos, mas não podemos ter a "jeitosa de corpo" e a "inteligente de conversa" na mesma pessoa. Ou tens uma coisa ou tens outra." Eu ficava de boca aberta com tal mentalidade.

Anos mais tarde, um colega no trabalho perguntou-me se eu sabia o que era uma "raimunda".

"Tu não sabes? A 'raimunda' é aquela feia de cara mas boa de bunda." Eu fiquei parva. Passados tantos anos e continuava a ver a mesma mentalidade no universo masculino.

O inverso também acontece. Há homens que são uns autênticos fantoches nas mãos das mulheres.

Já não há respeito nem amor-próprio nos dias de hoje. Há de tudo!

Certa vez, eu e a minha filha estávamos no centro comercial a comer um gelado e paramos para observar a cena. Um casal, na casa dos 16 ou 18 anos, em pleno centro, parados a discutir. Ela em cima da cara dele a falar e ele calado a ouvir. Despejava e depois agarrava-se a ele. Despejou mais um bocado, ele calado e ela novamente agarrada a ele.

"Como eu gostava que tivesses idade para te explicar o que está ali acontecer", disse eu à minha filha.

É impressionante continuar a ver as mesmas situações que víamos na minha época de liceu.

Não se evoluiu nas relações humanas. A única coisa que evoluiu, em 40 anos, foi a passagem do namoro de mãos dadas à frente dos pais para preservar a "virgindade" até ao casamento, para concursos de televisão onde o sexo é banal.

Mas o mundo das emoções, que interessa perceber, não é explicado. Há educação emocional? Isso é algo que é útil na vida prática e não se aprende nas escolas. "Mãe, explica na mesma, mesmo que eu não entenda" e riu-se.

"É que ela agora está aos beijinhos nele". E rimos juntas.

"O que tu vês ali são muitas coisas. Para começar, a rapariga é insegura. Segundo, aquilo não é forma de conversar ou discutir e muito menos este sítio é apropriado. Terceiro quer fazer dele "gato-sapato". Pode conseguir temporariamente, mas o mais provável é ser largada futuramente. Ela não percebe que o comportamento que está a ter irá direcioná-la para o maior receio que ela tem. Precisa de ter confiança nela, amor-próprio e força emocional que não tem. E o rapaz, que está ali a ouvir o mesmo discurso, provavelmente irá conhecer outras raparigas e fartar-se dela. Aquilo não funciona e não e saudável".

Não era mal pensado ter a disciplina de Relações Humanas nas escolas. A falta de respeito uns pelos outros é tão grande, o faz de conta do mundo virtual é tanto, que já ninguém sabe quais são os pilares das relações.

Eu tinha ficado muito agradecida se me tivessem explicado o básico sobre relações humanas, porque é um assunto complexo. Se fosse simples, não havia tanto medo, tanta dúvida, tanta incerteza, nem tanto conflito. Qualquer dia, o normal é haver relações temporárias de 15 dias, ou abusivas, porque o que o certo é um dominar o outro. No mundo, ainda se cometem crimes e abusos contra as mulheres. Como é possível haver tanta ignorância?

CAPÍTULO 22

As saídas à noite

Toda a gente quer chegar à idade em que se pode sair à noite. Não faço ideia de como é agora, mas pelo que oiço sinto-me uma privilegiada. Melhor, só na geração de adolescentes anterior à minha. Quem está na casa dos 40 aos 45 anos atualmente. Gostava muito do ambiente, mas via fenómenos que eu não entendia.

Um deles era beberem nas ruas até caírem para o lado e ficarem estendidos no chão. Lá aparecia a ambulância ou então ficavam estendidos na rua até o sol nascer.

O outro fenómeno era o pedido do consumo mínimo e dos "barramentos" à porta. É verdade que apanham todo o tipo de pessoas, mas pensava para mim: "Então se o estabelecimento só existe porque as pessoas o frequentam, como é que tratam as pessoas assim? Afinal, quem é precisa de quem?"

Anos mais tarde, quando o poder de compra diminuiu, acabou a filosofia do "queres entrar, pagas, se não queres, vai para casa". Agora até oferecem duas ou três bebidas ou entradas gratuitas. E foi assim que muitos sítios "morreram".

Frequentei sítios qualificados como "hetero" e "gay". Fui a tudo o que era festa. Eu gostava de observar o comportamento das pessoas, os ambientes e as conversas. Sempre tive uma grande abertura e imparcialidade que me permitiram não ser preconceituosa. Apesar do "glamour", via fenómenos inexplicáveis. Melhor, só ter frequentado o Estúdio 54 em Manhattan, mas nessa época não era nascida. Adorava ter lá estado.

CAPÍTULO 23

Quem é que precisa de quem?

Esta pergunta permaneceu em mim durante muitos anos. Foi difícil entender quem é que afinal precisa de quem em todas as áreas da vida.

Tive o privilégio de iniciar o mundo laboral no verão em que o escudo mudou para o euro, e de ver como as pessoas foram tão enganadas nesse ano. Não houve absolutamente nenhuma lei, regulamento ou critério para fazer a conversão. Apenas mudou o símbolo do cifrão do escudo para o símbolo do euro e já está. Foi uma conversão muito prática. E foi uma oportunidade grandiosa para muitos comerciantes, enquanto a consciência não entrou no bolso dos consumidores. Afinal o custo de vida aumentou e o poder de compra diminuiu porque os vencimentos não aumentaram.

Foi um ato de magia e nada de inteligente se fez para reverter esse fenómeno. Em vez de a qualidade de vida da população aumentar, diminuiu. Então surgiu o acesso ao crédito fácil. Uma excelente maneira fictícia da população voltar a ter poder de compra e de "alguém" lucrar com isso.

Quem procurar conhecimento sobre independência financeira,

compreende que as dívidas são os "espinhos da riqueza". E que os primeiros passos a dar são pagar as dívidas da menor à maior, até ao valor de uma hipoteca, por exemplo.

Depois surgiu a crise, não sei bem de onde, e lá se foi o poder de compra de um lado para o outro.

E de quem é que foi a responsabilidade?

Muita tinta correu sobre esse assunto. Nem tinha piada se este tema não me tocasse a mim. E com o tema do dinheiro e do poder de compra veio a questão do valor.

Mas porque será que nós damos tanto valor ao dinheiro?

O dinheiro não compra amor, sonhos, saúde, amizade, desejos, felicidade, dignidade ou carácter, muito menos precisamos dele para respirar. Não compra as coisas mais importantes da vida, mas precisamos dele para viver.

É o que faz o mundo girar. Andei a pensar nisto durante anos.

E vi que o valor que se dá às coisas anda trocado.

Porquê?

Fui notando que era esse valor que permitia aumentar ou subir o preço dos produtos em muitos casos.

Via que, por um lado, a roupa barata vendia muito, pela falta de poder de compra das pessoas que preferiam a variedade à qualidade. Reparava que o preço descia quando ninguém queria o artigo. E em quase tudo era assim. Apesar do assunto ser complexo, pensando nele de uma forma básica, acontecia sempre o mesmo. Quando ninguém quer uma coisa, ela vale pouco, mas quando todos a querem vale muito.

É por isso que damos muito valor ao dinheiro. Ele é pouco no mundo!

Explica a uma criança de 5 anos o valor do dinheiro.

Ela nem entende bem a diferença entre 5, 50, 500 ou 5000 euros. Ela nem tem consciência se é muito ou pouco. O que é que acontece quando crescemos?

Como é que se dá tanto valor ao dinheiro e tão pouco ao que realmente importa na vida? Porque somos inseridos num sistema injusto. E para o ajudar e dar-lhe maior ênfase és bombardeado com vidas perfeitas, carros e casas perfeitas, e com a imagem da vida de sonho. Quando, na vida real, tu és pago miseravelmente pelo teu trabalho. O mesmo sistema capitalista que te explora é o mesmo sistema capitalista que te alimenta pela insatisfação. Tu procuras a felicidade nas coisas exteriores através do consumismo, e assim o manténs vivo. Andas a vida toda a sonhar com a idade da reforma e do descanso merecido, mas quando lá chegares, não terás saúde para aproveitar o resto da vida. Nem faço a mínima ideia de como será para a minha geração. Começámos pelo desemprego ou pelo trabalho precário: caminhamos para onde?

Já pensaste se houvesse dinheiro suficiente para todos? Provavelmente viveriam mais felizes e com mais qualidade de vida. As diferenças sociais deixariam de ser tão grandes.

Porque é que as pessoas emigram para países com condições melhores do que as dos seus? Porque nos seus países apenas sobrevivem. Em Portugal tens um ordenado mínimo baixíssimo, mas não tens ordenado máximo. Então qual é o valor médio de referência?

E porque é que não se faz mais dinheiro? Pergunta inocente?

Não é. Simplesmente conheço bem o mundo do pobre. Vejo também que a maior parte do dinheiro é virtual e que conseguimos pagar tudo com um cartão. No dia em que o dinheiro real desaparecer irás ser refém do sistema bancário? Saberão toda a tua vida através de um clique? Estou a exagerar?

E se todos os habitantes levantam o dinheiro que têm nas suas contas? Existe mesmo esse dinheiro todo impresso? Perguntas que parecem disparatadas, mas quando são feitas abrem a consciência para muitas situações na vida. O mundo não se entende, o tempo vai passando e continuamos a assistir sempre ao mesmo panorama. O circuito é sempre o mesmo. Existem normas para tudo, ideologias políticas que vão desde a esquerda à direita, guerras, pobreza, desentendimento, sofrimento, capitalismo selvagem e uma enorme desigualdade social.

Será que o Homem ainda não compreendeu as consequências da desigualdade económica no mundo e que tem de resolver esse problema?

É engraçado ver a cara das pessoas quando eu digo que não tenho televisão em casa.

"Mas tu vives com o petromax?"

Eu tenho pouco tempo para ver televisão. Já para não falar dos conteúdos que passam na televisão portuguesa. As novelas não são úteis à minha felicidade. Os jornais apresentam notícias iguais desde o dia em que nasci. Só desgraças, mortes, violência e guerras. Os programas de domingo nem me interessam ver. Eu não gosto de ser entretida com conteúdo de valor zero, quando eu tenho consciência que no outro lado do mundo há pessoas a fugir à guerra, em campos de refugiados, ou crianças a morrer à fome. As pessoas veem as notícias, mas rapidamente se esquecem do que viram com programas ou concursos que não interessam para nada. Julgo que gostam de ser entretidas. Há programas com conteúdos informativos excelentes e outros que só falam da vida dos outros. E só existem porque tu lhes dás audiências. Provavelmente estás em casa desempregado ou a receber o ordenado mínimo, ou és um "falso recibo verde", mas estás a possibilitar que o apresentador e toda a estrutura adjacente ganhem bons ordenados à tua conta. Sim, porque tu nunca sairás do mesmo com a qualidade de conteúdo que te apresentam. Enquanto tiveres à tua volta "injeções de cultura zero" não vais subir na vida. E ainda bem para os que estão em cima.

A ideia do petromax é ótima, mas não me permite deixar de pagar as taxas que vêm na fatura da luz.

O melhor é mesmo rir de tudo à tua volta, porque gera energia positiva e acredita que é o melhor combustível que podes ter.

Os Portugueses são conhecidos no mundo pelo seu sentido de humor.

CAPÍTULO 24

As pessoas não são números

Tudo tem vários pontos de vista. Com o passar dos anos, vi que em muitas situações o que interessa é o número, seja pela positiva ou pela negativa.

Programas escolares que têm de ser cumpridos porque o que conta são os números?

Alunos classificados de "maus", desatentos ou preguiçosos porque a quantidade de matérias aumentou nos últimos vinte anos?

Contas de multiplicação complexas no 2° ano quando ainda estão a aprender a tabuada? Frações no 2 ano de matemática? Como é que isto é possível? Horário letivo de 8 horas por dia?

Qual é o objetivo?

Futuros adultos insuportáveis e sem referências familiares, entregues ao sistema das massas e às novas tecnologias do clique imediato?

A geração anterior à minha, que tinha um horário escolar reduzido, é considerada ignorante?

E a minha geração, com formação no ensino superior, com direito a trabalho precário ou desemprego?

O nível de escolaridade, por acaso, prepara o indivíduo para a vida?

E a questão da qualidade da comida nas escolas, porque é que as empresas são escolhidas em concurso pelos valores mais baixos de confeção? O que interessa é o número?

E porque é que servem nas escolas, desde que eu sou criança, um puré de batata de baixa qualidade? Se o motivo é poupar, o objetivo não é alcançado pelo desperdício de comida, que é impossível de ser consumida na sua totalidade.

Até quando é que vamos ter comida sem qualidade? Ementa com peixe cheio de espinhas para crianças de 7 e 8 anos?

Ao longo da minha experiência de vida académica, passei pelo Liceu com os seus bifes duros juntamente com o tal puré instantâneo. Sopas aguadas que ficam quase intocáveis, diretas ao desperdício. Passei pela cantina da faculdade com comida intragável. Felizmente conheci outra cantina universitária com excelente comida, confecionada com tremenda qualidade. Como é que isto é possível? A qualidade está na empresa escolhida? Nos funcionários responsáveis pela confeção? Na responsável de equipa? Na escolha dos ingredientes que são confecionados?

E se um número grande de vozes pedirem a reforma dos conteúdos e métodos de ensino, das comidas confecionadas, será que o ruído começa a aparecer nos ouvidos de quem tem poder para mudar?

E as coisas mudam ou continuamos num faz-de-conta, onde Portugal é um país espetacular nos vídeos turísticos apresentados ao mundo?

Voltando à importância do número, eu sou aluna com média de 13 valores no ensino secundário e quem olha para o número numa candidatura à faculdade nem sonha os episódios pelos quais passei. Nem as notas intermédias, nem se eu era atenta, interessada ou simplesmente "decorava e despejava matéria". Ou se eu tinha notas razoáveis porque não sabia escrever corretamente.

Isto é tão real quanto as entrevistas de trabalho. Aqui é que tu tens os teus cinco minutos de fama.

Toda a atenção do entrevistador está direcionada para ti. Ele vai olhar só para o nome das empresas e para os cargos que desempenhaste e pôr-te um carimbo. Vai avaliar a tua linguagem corporal que pode ser manipulada com dicas espalhadas na Internet.

Passei pelo episódio do desemprego e contribuí para um número. Não interessou se estive seis meses a enviar currículos sem resposta.

"Está difícil para consegui trabalho. Envia em quantidade que alguém irá chamar-te", dizia-me um amigo.

Passas pelas "empresas fantasma", pelas entrevistas onde te colocam perguntas sem sentido.

Acabas por te "vender" para conseguir a vaga de trabalho e o número da tua média não interessa para nada.

Interessa é teres CONHECIMENTO de "como fazer um CV", "como comportar-te numa entrevista de trabalho", "a primeira impressão do entrevistador", "a linguagem corporal na entrevista de trabalho".

Simplesmente alterei o CV, para uma estrutura diferente, como se contasse uma história, um percurso, foto nova, coloquei apenas 12º ano de escolaridade e começaram a chamar-me. Algo tão simples e tão estúpido ao mesmo tempo. Eu não mudei como pessoa, apenas alterei a estrutura do CV.

Mas continuarei a ser um número. E, por causa do número, eu não frequentei o curso de Design de Comunicação, porque a média era alta. Despertava-me interesse na altura, e ainda hoje eu apanho tudo o que é publicidade e levo para casa.

Para quê as médias altas nos cursos? Qual é objetivo? Poucas vagas para muitos alunos que querem estudar? E quando não houver poder económico para estudar, existirão vagas por preencher?

O que interessa é o número.

Já tens o número de cidadão, o número de contribuinte, passas a ter o número da média do curso. E para felicidade de alguns, passam a ter "DR." no nome. Como se isso te permitisse passar por cima dos outros. Ainda há pessoas que pensam que sim. Quando morreres passarás a ter um número de óbito.

CAPÍTULO 25

A maternidade

A publicidade que ainda vende atualmente é que a maternidade é linda, maravilhosa e uma experiência única. Realmente é uma experiência única. Gosto particularmente de ver os ensaios fotográficos de mães bem vestidas, maquilhadas e penteadas, rodeadas de filhos igualmente bem vestidos e penteados. Normalmente são acompanhados por títulos "A mulher do século XXI. A mulher poderosa, empresária de sucesso, mãe e esposa exemplar. Perfeita."

Já não chega a ideia de perfeição?

E quem sou eu para questionar? Eu sou uma mãe igual a todas as outras, passei pela maternidade e sei o lado real que ninguém te conta.

Já está mais que na hora de parar de vender imagens perfeitas, porque criam frustração nas mães. Eu achava-me uma inútil. Eu nem banho conseguia tomar corretamente. A amamentação cansava-me e tinha muitas dores na barriga. Ter a casa arrumada era uma tortura. Não tinha consciência da quantidade de roupa que o bebé suja. Achava que era a única que não conseguia ser multitarefas. Os cansaços, juntamente com as poucas horas de sono, baralhavam-me o raciocínio. Sentia-me burra e com o raciocínio lento. As pessoas à minha volta faziam-me sentir mal.

CAPÍTULO 26

A gravidez

A minha gravidez foi bem engraçada. Eu tinha acabado de fazer 25 anos quando descobri que estava grávida. E a maneira como eu descobri ainda tem mais graça. É verdade que podes engravidar no final da menstruação. Não tomava a pílula. Já tinha pesquisado sobre o assunto. Via tantos efeitos secundários nas bulas, que optei por não tomar. Na minha opinião faz mais mal do que bem. Um assunto que hoje em dia já começa a dar os primeiros passos.

Estava no 4º ano do curso de arquitetura. O exercício anual tinha sido apresentado. Um projeto de urbanização, interface de transportes públicos na zona industrial do Barreiro. Fomos conhecer o local num dia de calor e percorremos vários quilómetros a pé. No outro dia tinha bolhas. Almoçámos na zona e nunca uma carne de porco à alentejana me soube tão bem como naquele dia. No dia seguinte estava enjoada e não fui às aulas. A zona fabril tinha um cheiro nauseabundo. Houve colegas que ficaram mal e por isso não estranhei. Mas sentia um sono de tal maneira pesado que sentava-me a adormecia. Nem em pé conseguia estar. Passados dois dias continuava maldisposta, mas com sintomas menstruais, pensava eu. Até que descobri a gravidez.

Desde sempre soube que era uma menina. O meu desejo de ser a mãe que não tive era tão grande que Deus ou o Universo ou seja quem for, me fez a vontade. Somos muito parecidas intelectualmente. Só agora é que eu sinto que todo o meu esforço e empenho geraram resultados.

Eu era estudante bolseira e não podia desperdiçar a oportunidade de continuar a estudar. O período de gestação acompanhou o ano académico. Só não fiz a disciplina de Arquitetura. Fui a única que chumbou no 1º semestre, logo, o motivo deve ter sido a gravidez. Era um professor que tinha a mania de gritar. Mas para quê? Felizmente tive professores excelentes, tirando uma exceção ou outra.

Lembro-me que, no mesmo ano, uma aluna levava o bebé para as aulas. Provavelmente tinha uma cadeira ou duas para fazer do Mestrado. Felizmente que há pessoas evoluídas e professores espetaculares para compensar aquelas pessoas de "mentalidade quadrada" sem vocação. Tive o privilégio de ser sempre bem tratada na faculdade. Havia alunos que olhavam e comentavam quando eu passava nos corredores. Não sei se falavam bem ou falavam mal, mas não ligava.

Na altura já não estava a gostar do curso, mas tinha feito tanto esforço que deveria acabá-lo. Talvez arquitetura de interiores, decoração ou design fosse a escala que mais se enquadrasse comigo e eu não percebi logo. Deveria ter estudado numa área mais objetiva. É a tal "teoria do ensino" que julga que os jovens aos 18 anos têm de saber o querem da vida. Na prática, há muitos estudantes que depois mudam de cursos e outros que permanecem para não dececionarem os pais.

Mas a gota de água aconteceu no dia da apresentação de final do ano. Apesar do meu projeto ser bem explicado e fundamentado, fui enxovalhada e recebi uma chuva de críticas porque o meu trabalho era diferente da maior parte dos projetos dos colegas. Decidi que eu tinha razão e o desinteresse instalou-se. Passados dez anos foi construído um edifício muito parecido com o do meu projeto, no terreno ao lado. Foi a gargalhada mais bem dada na vida. Se eu soubesse o que sei hoje, não tinha feito o curso e não tinha maltratado o meu corpo, com diretas desnecessárias. Hoje sinto as consequências da falta de consciência da importância do sono. E para quê tanta carga horária e tantos trabalhos?

Aprendia mais a trabalhar nas obras durante as férias do verão, mas como sou mulher, essa opção tornou-se um obstáculo.

Fui às aulas até às 37 semanas de gestação e tive boas notas nesse ano. Foi uma gravidez partilhada com os colegas. Era uma loucura cada vez que o bebé se mexia. A primeira vez que o bebé se mexeu na minha barriga foi uma sensação única. É uma espécie de cólica confundida com cócegas.

Foi o ano em que fui vedeta na turma. Era surreal. Tinha uma barriga enorme que dava nas vistas por ser baixa. Andava de transportes públicos e costumava ir a pé do comboio até à faculdade em passo de caracol. Passei metade da gravidez de dieta por causa dos diabetes. Era obrigada a apontar tudo o que comia e as horas a que comia. Até os colegas da turma me alertavam para apontar as coisas nas folhas de registo que eu usava.

Livrei-me da insulina, mas foi um esforço gigante. Tinha muita fome e uma vontade incontrolável de comer doces. Depois do almoço, quase sempre adormecia nas aulas dos auditórios.

CAPÍTULO 27

Dia do parto

É verdade que há mulheres com trabalhos de parto pequenos e outras com trabalhos de parto de largas horas de sofrimento.

Eu fiz cesariana planeada. Não tinha estrutura para ter um bebé tao grande. Apesar de haver muita informação, eu ia cheia de medo. Ouvia muitas histórias acerca da anestesia. Por isso não deves ouvir histórias negativas. A anestesista era jovem, provavelmente da minha idade. Fiquei com mais medo. Três médicas e uma enfermeira. Fui a primeira a entrar no bloco pela manhã. A equipa médica calma, a conversar com naturalidade, a rádio ligada e eu super nervosa. Tão nervosa que a anestesista perguntou-me se queria dormir. Claro que não. Eu queria ver o bebé a nascer. Só sentia puxões como se estivesse no dentista. De repente ouvi: "É tão grande!" Pesava 4320 gramas. Correu tudo bem. Lembro-me de me colocarem o bebé na cara e falarem alto "está aqui a sua bebé". Mas eu nem vi bem, provavelmente por causa da anestesia. Sou grata por ter corrido tudo bem. Ainda hoje acontecem histórias infelizes que são exceções à regra.

Fui para o recobro, na maca, a bater em todo o lado, tipo carrinho de choque. Lá ia eu toda contente sem saber para o que ia. Esta parte não te contam nas revistas.

"Aperte o meu braço com força, se quiser", disse a enfermeira. Era jovem e explicou-me o procedimento necessário para que o útero expulsasse os restos do parto. Doeu e muito. Já não tinha o efeito da anestesia a cem por cento. Tomei uns comprimidos e dormi até à hora do almoço. Quando acordei, tinha comigo o tabuleiro da comida e estava sem fome.

Só pensava "onde é que está o bebé?" Eu não sentia nada. Onde é que estava aquela felicidade toda?

Era uma sensação estranha. Um vazio.

Lá fui para a sala partilhada com outras mães. Apesar de ter tido a sorte de ficar ao lado da porta de entrada, tive direito à cama de ferro mais alta, com um escadote de dois degraus para subir. Tinha 1,55 metros de altura e uma cama alta. A enfermeira tirou-me a algália e pediu para me levantar. Não gostei nada da ideia. Eu sentia dores. "A mãe tem que se levantar e ir ao WC". Assim que coloquei os pés no primeiro degrau, desmaiei em cima da enfermeira que era tão grande quanto eu.

A perna esquerda ficou inchada porque nunca mais tiravam o cateter. E o líquido que tens de tomar para que o intestino volte a funcionar? Também não te contam nas revistas. As mulheres são bem valentes. Parto normal ou cesariana. Se alguns homens tivessem filhos, a humanidade deixava de existir.

Lá veio a princesa. Era tão linda! Cabelo preto, espetado e direcionado para um dos lados. Tinha a pele branca e olhos pestanudos. O nariz pequenino de batata e a boca delineada. Fiquei deslumbrada.

Passados cinco minutos, acabou-se o encantamento.

CAPÍTULO

A amamentação

Eu não fazia a mínima ideia que a amamentação era tão dolorosa e complicada. Mesmo pesquisando sobre o assunto, é só pela experiência que tu adquires conhecimento, pois não sabes o que te espera.

A primeira vez que o bebé mama é tão doloroso que as lágrimas vêm aos olhos. A parte boa é que foi só nas primeiras semanas. Depois a amamentação torna-se um alívio quando o peito tem muito leite e precisa de vazar. Tive sorte na amamentação. Talvez porque preparei o peito uns meses antes, aplicando a técnica dada pela professora da natação pré-parto. Aplicar creme hidratante no peito, em movimentos de fora para dentro, como se estivesse a tirar o leite do peito, mas sem fazer força.

Há toda uma temática ligada ao assunto do leite materno. O melhor é pesquisar o assunto de forma sábia, ter pensamento positivo e relaxar, porque o corpo da mulher está preparado para amamentar o bebé. Às vezes as coisas não correm bem e as mulheres sofrem horrores. Há mulheres que não querem amamentar, seja por estragar o peito, seja porque não gostam da ideia, ou por outros motivos.

Há mães que não gostam da ideia, mas amamentam porque a sociedade o impõe. Outras fazem um esforço gigante e não conseguem amamentar e sentem uma culpa enorme.

Eu passei pela experiência de ficar sem leite porque não me alimentava corretamente e sentia um enorme cansaço. Bastou passar 15 dias acompanhada, a dormir e a comer melhor, para o leite materno voltar.

Faz-me muita confusão saber que há países em que a amamentação é vista como algo negativo, quando está provado que o leite materno é o melhor alimento para o bebé.

A ignorância de alguns é tanta que "enfrascam" leite industrial a vida toda, acreditando no poder do cálcio. Outro tema polémico que já começou a dar os primeiros passos.

Quem é que já experimentou o sabor do leite retirado diretamente da vaca?

Quem já experimentou sabe que hoje em dia bebemos "água branca". Há médicos que já explicam que há outras fontes de cálcio para além do leite.

E a preocupação estética? E a conotação sexual das mamas? É incutida em prol de lucros da sociedade consumista através da falsa ideia de perfeição? Ou são as ideais machistas das "alminhas com pénis" que só cá andam no mundo porque "os seres frágeis" tiveram a capacidade de gerar vida humana dentro do útero?

"Mas sem o espermatozoide não há fecundação". Eu ainda oiço este tipo de frases. Mas o que é que interessa esse dilema científico?

Interessa tanto como descobrir quem nasceu primeiro. Se foi o ovo ou a galinha, ou se sem o galo não havia ovo nem galinha. Não interessa!

O que interessa é respeitar a mulher só pelo simples facto de gerar vida. É ter consciência que ela é uma das responsáveis por educar o seu filho. Que muitas vezes está sozinha e assume o papel dos dois.

São muitas as histórias de mães que ficam sozinhas e passam por mil e uma situações e ainda têm de sorrir às injustiças. Por essa também já passei.

E só posso aconselhar no ponto mais importante, que demorei muito tempo a aprender. É insuportável tu digerires as injustiças, até porque não fizeste a criança sozinha. Mas faz um favor a ti própria e não deixes que nenhum sentimento te ligue emocionalmente à pessoa que não te faz bem na vida.

Não cumpre as obrigações de pai? É problema dele. Foca-te na solução, para conseguires educar o teu filho sozinha. Só aparece quando se lembra? Deixa. É revoltante porque perante os outros passa a imagem de pai exemplar, quando a realidade é outra? E tu nem sequer és valorizada pelo "trabalho transparente" que desempenhas no papel de mãe?

Acredita que deves ignorar tudo isso, não permitindo que a raiva da injustiça te cegue. Porque o segredo é teres fé, pois o tempo é o melhor juiz. Tudo o que se planta, com o tempo irá colher-se.

A fé é a única alternativa que tens, para não deixares os sentimentos negativos distraírem-te do foco. Permite teres esperança e atitude positiva. Até porque a criança foi resultado de uma escolha tua no passado, e nada tem a ver com o facto de não ter dado certo no presente. Só ignorando essas coisas negativas é que tens paz de espírito, o que permite que as coisas boas na vida te "procurem".

Porque como é que é possível "aparecerem" coisas boas na tua vida, quando o teu "EU" está minado de sentimentos negativos?

Só tens duas saídas, cabe a ti escolheres qual. Ou segues o meu conselho, ou crias uma "guerrinha" na tua vida, com quem não merece nem um minuto da tua atenção. E para chegares a este "ponto de vista" terás de ter uma grande capacidade mental e emocional.

Porque só quando o teu filho crescer, é que tu vais poder "ver" o resultado do teu "trabalho transparente".

CAPÍTULO 29

As fraldas

Nem tinha graça se a primeira fralda não fosse posta ao contrário. Eu li sobre o assunto, mas da teoria à prática vai um longo caminho.

O tempo, durante a maternidade, parece longo. Nos três dias de internamento perdes a noção das horas. Tens dores que nunca mais acabam. Não descansas. Depois vens para casa e começa o tormento do primeiro mês tão intenso e cansativo. Eu já vinha com noites sem dormir da altura do curso e ficar novamente sem dormir foi o esgotamento total. Já para não falar que a minha casa tinha um café-bar à frente e um restaurante na rua ao lado.

E porque é que eu não dormia, se o bebé era calmo e chorava pouco?

Porque bolsava muito e eu tinha medo da morte súbita. Então eu não dormia. A bebé mamava durante 5 a 10 minutos no peito. Era tão rápida que depois o leite saltava tipo vomitado. Eu tinha tanto medo que não dormia.

Nem consigo imaginar aquelas mães com bebés que choram de manhã à noite.

Só soube o que era choro forte quando um dia a minha mãe colocou o bebé na banheira e pensou que lhe tinha partido o braço. Já estávamos prontas para ir ao hospital quando o bebé fez um cocó fétido e me lembrei do que tinha jantado. A sopa estava azeda e eu achei que era o sabor natural do tomate. Foi a primeira e a última vez que coloquei tomate na sopa. Foi burrice minha. No período de amamentação tudo passa para o leite materno, por isso é que deves escolher poucos legumes verde-escuros e muita fruta e legumes doces.

CAPÍTULO 30

O cansaço extremo

O período pós-parto é uma realidade dura nos primeiros tempos.

Toda atenção é direcionada para o bebé. A inexperiência revela uma preocupação constante. Os livros ajudam muito na teoria, mas a prática é diferente. As poucas horas de sono, juntamente com as tarefas domésticas, originam um enorme desgaste físico e emocional.

Eu pertenci ao grupo da regra. Na exceção, só as mães de capa de revista e algumas celebridades com empregada para fazer as tarefas domésticas ou mesmo mães do anonimato que têm a sorte da criança ser uma paz de alma.

Eu não conseguia ser multitarefas. Nem tomar banho tranquila, nem cozinhar as refeições a horas, nem ter a roupa da criança sempre passada e arrumada. Tinha dores na costura da cesariana. Até arranjar-me após amamentar era uma dificuldade. Tive dores horríveis na coluna. Tive pouca ajuda do pai. Trabalhava muito e passava o dia todo sozinha em casa.

Para juntar à festa, como cereja no topo do bolo, ouvia a célebre pergunta: "estiveste o dia todo em casa e só fizeste isto?" É de quem não tem a mínima consciência do que está a perguntar.

E pela experiência pessoal, mais vale estar sozinha do que ter um emplastro para atrapalhar.

Afinal, para onde é que foi aquele orgulho todo na contribuição do espermatozoide na fecundação?

Esta pergunta é apenas para aqueles pais que não ajudam em nada.

Porque há pais que sabem que ajudar a companheira fortalece a relação. Dividir as tarefas, liberta a mãe para descansar. E uma mãe com descanso fica mais calma, tem paciência para si própria, para o bebé e para o casal. Cozinharem as refeições é uma grande ajuda. Ao não participarem no banho da criança, só perdem momentos únicos que não se repetem. Porque chamar o pai no final do banho e ele só ajudar com a toalha, não é participação nenhuma. E essa dose tive eu. Pôr a roupa a lavar, a loiça na máquina ou lavá-la à mão são ajudas que parecem insignificantes, mas neste período são valiosas.

Mesmo que os maridos façam mal feito, não interessa. O que conta é a intenção. Melhor ajudar um por cento do que zero.

A experiência da maternidade é única, mas a minha foi tão desgastante que eu não pretendo repetir, só pela ideia de ficar sem dormir ou voltar a fazer tudo sozinha.

Passear com o bebé era tão complicado que mais valia ficar em casa. Era a mala com as fraldas, o creme, a muda de roupa e o biberão da água. O carrinho não cabia no elevador. Tinha de pegar nele para descer os últimos degraus do prédio. Até passar a porta do prédio de mola forte era uma dificuldade. Os passeios eram um drama porque os carros estacionam em cima deles.

E fazer compras no supermercado?

Tira ovo de dentro do carro, mete o ovo em cima do carrinho. Sozinha foi uma aventura. No final do ano já detestava a maternidade. E ser a única a afirmar que a maternidade é um pesadelo teve as suas consequências. Depressão pós-parto. Toda a gente à minha volta me colocou o carimbo da depressão pós-parto, só porque eu afirmei convictamente que a maternidade não é a coisa mais linda do mundo. Passados anos, as mães já o afirmam . É cansativo, esgotante e ninguém nos valoriza pelo esforço. Não, a maternidade não é a coisa mais linda. O primeiro mês é extremamente esgotante e será um investimento da mãe com o filho para a vida toda. Tu geraste a vida e a oportunidade de um ser humano passar pela Terra. Tu tens a capacidade de lhe passar conhecimento. Educar é uma tarefa difícil. Valores de ética, comportamento em sociedade ou aquilo é bom e mau. Terás de ser um "mentor" na vida dele e todo esse esforço irá ter um retorno. Retorno esse, espelhado no ser humano que o teu filho irá ser na vida.

CAPÍTULO

A opinião dos outros

Juntamente com o parto, nasce um fenómeno do outro mundo. Nasce uma elite inteligente espalhada por toda a parte. Estão em todo o lado, aptos a demonstrar a nossa ignorância e incompetência no assunto da maternidade.

Chovem palpites de toda a espécie e nem o granizo tem tanta força para nos incomodar. São dicas de tudo e mais alguma coisa. Como agarrar na criança e como pô-la a arrotar. Eu ficava fula quando me abanavam a criança. Nunca entendi este hábito de abanar a criança sem fundamento nenhum. A miúda bolsava de uma forma assustadora, por isso imagina só usar essa técnica milenar.

Experimenta comeres um prato de comida e depois fazeres saltos sem parar, para veres se gostas. É porque o pediatra da amiga diz que se faz da maneira A. É a tia não-sei-quantos que dá o palpite B. É a vizinha do prédio que dá uma dica extra sempre que te vê. Eu fico estupefacta ao ter de ver tantos palpites nas redes sociais como fico super feliz quando as mães se ajudam umas às outras. Fenómenos raros, mas que ainda acontecem. Porque normalmente as mães criticam-se umas às outras porque toda a gente quer ter razão. Sim, aqui vê-se o quanto o ser humano precisa de evoluir. Nem as mães são solidárias umas com as outras. E a quantidade de mães com dúvidas na alimentação dos bebés? É porque o pediatra disse para fazer assim. Ou porque no tempo da mãe se fazia assado. Ou porque só pode comer sopa aos quatro meses e a criança tem 3 meses e 3 semanas. Julgo que há muita aflição desnecessária. Há todo um stress relativamente a estes temas que não se deveria ter. Toda a gente dá palpites sobre tudo. São só especialistas na matéria. Eu passei por muitas situações de dúvida e aflição porque não me preparei o suficiente. Deveria ter adquirido mais conhecimento sobre o assunto. Porque é que tu dás credibilidade ao pediatra? Porque ele tem mais conhecimento no assunto que tu. E porque é que tu não vais procurar conhecimento para teres a tua opinião própria?

E quando as pessoas querem pegar na criança ao colo?

Tomara eu receber tanta atenção das pessoas como as criancinhas recebem quando querem é estar sossegadas no carrinho. Principalmente quando estão quase a adormecer e vem mais um entendido no assunto mexer no carrinho porque quer ver a criança.

Cheguei a ouvir que não se podia dar colo porque as crianças ganham manias.

E vou pegar ao colo quando? Quando tiver 15 anos e entrar na fase de que a mãe já não é o ser lindo e maravilhoso como a criança a vê?

Sim, eu dei muito colo à criança. Muitas vezes dormia ao colo. Dormia comigo. Não liguei nenhuma aos palpites dos outros. Eu é que sou a mãe. E, para além disso, eu é que tenho de decidir, com base numa escolha consciente, depois de pesquisar informação. Não, a criança mais tarde foi para a cama dela e não houve nenhuma mania.

Se eu, adulta, adoro receber colo, mimo, atenção e todas as coisas boas a que tenho direito, porque é que o meu bebé não haverá de ter? É porque o especialista X doutorado e mestrado disse o contrário? E eu não tenho a palavra final? Ou porque o período de licença de maternidade é mínimo e a mãe é obrigada a preparar a criança para os horários rígidos dos infantários?

Cada criança é uma criança e cada mãe é uma mãe.

Pior mesmo, só quando as crianças crescem e se obriga a dar beijinhos a toda a gente. "Dá beijinho à senhora amiga da amiga que não se vê há meio século". Mentalidade de quem não tem a mínima noção de que não importa para nada dar beijinho às pessoas só porque fica bem. Não importa o que os outros pensam de nós. Só importam as pessoas do nosso círculo íntimo. Aqueles que se importam connosco. Quando tiveres dificuldades na vida é que tu vês quem realmente quer o teu bem. Preocupem-se mais em explicar às crianças a quem podem falar e a quem não podem falar por questões de segurança.

E a questão dos horários? São os bebés que têm de se adaptar aos horários dos pais ou são os pais que têm de se adaptar aos horários dos filhos?

E depois como é que querem que as crianças não fiquem impacientes e não façam birras nos centros comerciais?

Seja bebé ou criança, cada um tem o seu ritmo biológico. Tu é que vives numa sociedade que obriga as crianças a cumprirem horários rígidos. Nos infantários, a hora da sesta é igual para todos. Se a criança estiver em casa com a mãe, dorme quando o organismo pedir.

O mesmo se aplica à pressa para largar as fraldas ou usar o bacio.

Lembro-me de dar uma resposta à altura através da pergunta: "Se a criança tem a vida toda para ir sozinha à sanita, qual é a pressa para deixar a fralda ou o bacio?"

A pressa é porque a criança é obrigada a cumprir ritmos rígidos, porque não pode estar com a mãe e é obrigada a ir para o infantário.

O concelho que eu mais gostei de ouvir foi sobre o choro do bebé. Há pessoas que acham natural deixar a criança chorar.

Ai sim?

Pois, mas eu não acho. E a minha opinião é baseada em conhecimento. Se eu não vejo sentido nenhum nesse ato, porque é que haveria de o fazer?

Mas quem é que gosta de ser ignorado? Se a criança chora é porque precisa de alguma coisa, é o seu meio de comunicação, qual é o sentido de a deixar a chorar?

Se chora é porque tem fome, ou sede, ou porque não sente a mãe, ou tem cólicas ou a fralda magoa ou porque quer atenção. O bebé não chora por acaso. E mais! Quando chora e é desprezado vai ficar mais nervoso e ansioso e não vai acalmar.

Procura conhecimento de forma sábia.

Este fenómeno do nascimento faz-me tanta confusão como o fenómeno da mortalidade.

Durante a tua vida, muitas pessoas não se preocupam com a tua felicidade ou bem-estar. Passas por situações de deceção às quais, a maior parte das vezes, não sabes como reagir. Falsos amigos, gente interesseira e oportunista, colegas de trabalho insuportáveis, chefes com a mania da superioridade ou trabalhos em que te sujeitas a coisas que não deveriam ser suportadas. Todo um conjunto de situações que despertam em ti sentimentos de tristeza, raiva, injustiça, revolta, angústia e dor. Mas o que importa é que no dia do teu funeral está lá tudo a garantir o lugar. "Era tão boa pessoa". Pena é que não estás lá para ver e responder à altura. Gente que tu nem conheces e que vai estar lá só porque parece bem, e porque vai dar apoio aos familiares. Provavelmente aqueles amigos que eu chamo de conhecidos, e que só te dão os parabéns porque são notificados pela rede social.

E depois as pessoas admiram-se quando eu dou respostas à altura. Porque tenho consciência da realidade à minha volta. Nunca têm tempo na agenda para estar com o amigo, mas se ele morrer arranjam logo tempo para ir ao funeral. É um dos motivos pelos quais tenho poucos amigos. Eu sei que é cultural ir a velórios e todo aquele sofrimento vivido durante um período de tempo. Mas, para mim, entre a vida e a morte eu estou de passagem. E enquanto estiver cá, fico muito feliz que me tratem da melhor maneira possível. Porque da altura em que era bebé não tenho memórias e quando partir já não estou lá, para dar uma "descascadela" nalgumas pessoas.

Porque será que os seres humanos são tão hipócritas uns com os outros?

Porque não investem o seu tempo nos outros enquanto estão vivos? Será que ainda não perceberam que têm de investir nos outros, porque depois só fica a memória?

CAPÍTULO 32

O início do período das dificuldades

Depois de um ano a dormir pouquíssimas horas, a fazer quase tudo sozinha, com um bar à frente de casa, mais quatro anos de curso de arquitetura com a moda desnecessária das diretas atrás de diretas, evidentemente que o resultado não podia ser o melhor. As pessoas à minha volta lá me impingiram a psiquiatra. Apanhou depressão pós-parto. Coitadinha. E lá fui eu. Sempre achei que o problema era as pouquíssimas horas de sono. A solução era dormir, alimentar-me corretamente e não ficar "anestesiada" com a medicação. Isso não me ia resolver a falta de ajuda com o bebé.

Fiquei literalmente sozinha. Na altura nem sonhava o que aí vinha. Mais vale só do que mal-acompanhada. Na altura foi dose e só quem passa pelo mesmo, é que entende o que eu passei.

Fui obrigada a mudar de casa, para estar perto da família e poder ter ajuda. Como é que eu ia trabalhar com um bebé de um ano, sem ajuda?

Este drama é vivido por milhares de mães hoje em dia e seria desnecessário se o horário de trabalho fosse reduzido para cinco horas diárias.

Pior mesmo, só os seis meses de licença de maternidade. Se o feto precisa de nove meses dentro do útero para se desenvolver, como é que em seis meses está pronto para ser retirado dos cuidados da mãe?

Não consigo entender isto.

Tendo em conta que o primeiro mês pós-parto é tão intenso, quer para a mãe que inicia uma nova realidade na sua vida, quer para o bebé que inicia a sua vida fora do útero da mãe, resta-lhes cinco meses para se separarem um do outro. Isto é normal?

Aos 6 meses a criança tem de ser colocada aos cuidados de terceiros e, por mais técnicos especialistas que sejam, não é igual à proteção da mãe. O período de Licença de Maternidade necessita de ser alargado.

Eu fiquei com a minha filha até ela ter um ano de vida e preferi abdicar da minha independência económica.

O dia de a colocar na escola foi uma angústia. E podem chamar-me "stressadinha" à vontade, que eu não quero saber.

A minha rotina diária era sair de casa cedo, com ela ao colo enrolada no cobertor, até à casa da avó.

Nos dias de chuva, fazia malabarismos acrobáticos, para conseguir segurar nela, na mala, no chapéu, só num braço, para poder abrir a porta do prédio, só com uma mão.

Ficava a dormir enquanto eu ia trabalhar. À tarde ficava aos cuidados da tia-avó até eu chegar. Demorava mais de uma hora do trabalho a casa. Era sempre uma correria. Depois dedicava-lhe toda a minha atenção. Quase sempre eu adormecia primeiro que ela. Acordava de madrugada com a luz acesa, vestida em cima da cama. Dormia sempre pouco. Um esforço enorme, para no final do mês ganhar uma miséria de 600 euros. Nem tinha graça se nesse Natal eu não ficasse com parte do ordenado penhorado por dívidas solidárias.

Foi a nova dificuldade. Fazia magia, porque vivia com 485 euros por mês e conseguia comer ar. Foi muito engraçado. Particularmente a parte em que o pai não contribuiu nem com um cêntimo nesse ano. Adorei ter consciência do sistema jurídico português, assim como apreender muito sobre dívidas solidárias. Também foi difícil deixar de ter vida social.

As consultas na psiquiatra eram de dois em dois meses e basicamente era só falar e medicar. Comecei a dormir melhor, mas ganhei outros problemas. Peso, uma espécie de leite a sair do peito e incontinência urinária. Acabou-se logo a medicação para dormir. Eu própria retirei a medicação e a médica deu-me alta. Mais valia ter estado quieta.

"Há pessoas que andam em consultas semanais há mais de um ano e não conseguem os resultados que você conseguiu em poucos meses. Como é que raciocina de forma tão clara e objetiva?"

Eu respondi-lhe que tinha cérebro para pensar, que o truque é olhar para o problema de vários ângulos e encontrar soluções. E não ficar a bater na mesma tecla, que isso não resolve nada.

Já na altura eu preferia partir para a ação, tentando resolver as situações e ultrapassando obstáculos, mas não tinha consciência de como o fazer.

Seguiram-se ecografias e consultas de ginecologia, urologia e fisioterapia na maternidade. Exercício pélvico e dieta. Nem sonhar em colocar faixas que apertam a barriga. Há médicos que aconselharam a usar e outros que não. Eu preferi ir pela explicação lógica da fisioterapeuta. A faixa elástica aperta os teus órgãos internos. Sem espaço e com a força da gravidade são empurrados para baixo. Se o útero descai e fizer pressão na bexiga ficarás incontinente. E nada de carregar pesos. Nem os sacos das compras!

Ainda bem que eu não ligo nenhuma ao que os outros pensam, porque toda a gente olhava com espanto, nas consultas da maternidade, ao ver uma pessoa jovem de 27 anos incontinente.

CAPÍTULO 33

O exercício físico

Fiz todo o meu processo de recuperação da forma física sozinha, porque achava uma tontice as dietas da moda. Não faziam qualquer sentido para mim. Nem a dieta do chá, nem a da bolacha, nem a da sopa, nem a dos líquidos, nem nenhuma. Eu fico espantada como as pessoas são tão facilmente enganadas.

A magia aconteceu quando o meu colega de trabalho N. me apresentou o Bodybuilding. "Vê o site e pode ser que te motives". O tema era desconhecido na altura. Motivou-me porque ele apresentou a solução de uma forma positiva e descontraída. E, para além disso, a sua condição física era exemplo.

"Não te preocupes. São só uns quilos a mais e perdes isso num instante".

Todo ele era "grande", mas a sua atitude foi maior ainda! É deste tipo de pessoas que precisamos na nossa vida. Longe de pessoas que dão palpites só por dar e que julgam ser entendidos no assunto.

Pessoas ridículas e exibicionistas que acham que são "fortes", porque os fracos são os que não conseguem atingir os objetivos por preguiça. Estas pessoas são ignorantes. "Só os fortes é que conseguem"?! Será que têm a mínima consciência do que estão a dizer?

As pessoas não conseguem atingir os objetivos por falta de conhecimento e não por falta de força de vontade. Objetivos relacionados com a transformação corporal não dependem exclusivamente da força de vontade, mas sim do conhecimento que permite elaborar uma estratégia.

Por esse motivo, há tanta gente frustrada sem conseguir alcançar os objetivos que quer, porque não tem o conhecimento suficiente para lá chegar. Não é porque são fracas. Pior só quando contratam péssimos profissionais que só se preocupam com as comissões dos planos. Não explicam rigorosamente nada. O que, por sua vez, mantém as pessoas na ignorância, levando às comparações e opiniões sem fundamento. É por este motivo que se vê tanta figura ridícula por aí.

Passados dois anos encontrei um acompanhamento fora dos padrões habituais. Decidi enviar um e-mail, mas não consegui acompanhamento por fatores económicos.

"É com alegria que acompanho o vosso Facebook identificando-me bastante com o que leio. Pretendo saber os valores de adesão aos vossos serviços enquadrados no meu perfil."

Tenho 31 anos e 1,57 m de altura. Fui mãe aos 25 anos de um bebé de 4,320 kg, de cesariana. A partir do 5º mês até ao final da gestação permaneci em dieta, com obrigatoriedade de escrever tudo o que comia, de duas em duas horas, o que incluía muita sopa de legumes, alguma fruta, sempre acompanhada com a história da bolacha Maria e doces só em dias de festa. Isto tudo acompanhado, quase semanalmente, de exames aos diabetes. Foi EXTRE-MAMENTE doloroso, porque sentia muita fome, mas "livrei-me" da insulina, e o bebé poucas cólicas teve. Não sei se foi da "comida saudável", mas quero acreditar que foi resultado de tanto esforço.

Aos 27 anos fiquei incontinente. Pesava 74 kg. Passei pela ginecologia, urologia e fisioterapia na MAC. A origem estava no relaxamento muscular porque tomei medicação para dormir durante um ano. A solução estava na ginástica pélvica e na dieta, pelo que fui encaminhada para a mesma nutricionista da gravidez, uma médica ao estilo "militar". Novamente a mesma dieta, sem tirar nem pôr! "Se não emagrecer e exercitar o soalho pélvico, daqui a 2 anos estou a vê-la no bloco para lhe tirarem o útero". Fartei-me de chorar e nunca mais lá fui. Isto em Fevereiro de 2012.

Decidi então, fazer "à minha maneira.

Um amigo incentivou-me a fazer Bodybuilding e realmente motivou. Se eles conseguem, porque haverei eu de não conseguir?

Como não tinha vida para ginásios, nem condições económicas, comprei uma bicicleta elíptica. Simplesmente reduzi o prato da comida para metade, sem restrições, muita água e sem produtos para emagrecer, porque tinha medo. Reduzi a quantidade dos doces, mas nunca deixei de os comer, porque para mim o lado psicológico conta muito. Não passo por nenhuma dieta restritiva nunca mais e pior só ir ao Supermercado com o dinheiro contado. Melhor só mesmo a dieta do "ordenado mínimo". Como tal, não sou "miudinha", nem psicótica, nem vou atrás do que dizem. Iniciei o exercício na elíptica, no nível 1, com 5 minutos, porque cansava-me logo. Mas, mais vale fazer 5 minutos por dia, do que nenhum. Fui aumentando e hoje faço 30 minutos no nível 5.

Fiquei desempregada e, uma vez que tinha tempo, ia levar e buscar a minha filha à escola. Empurrar o carrinho a subir e a descer, ao longo de mais ou menos 300 metros, duas vezes ao dia, mais o almoço que ia levar ao final da manhã, ajudaram bastante.

Em 6 meses perdi quase 20 kg. A ginástica pélvica, ainda hoje faço, mas não estou a 100%. Tive sorte porque emagreci no corpo todo ao mesmo tempo, estilo "balão que vai ficando sem ar". Apesar da muita flacidez, nesse verão, sentia-me a "miúda fitness" na praia, feliz pelo meu esforço. Foram mais as vezes em que tive vontade de desistir, do que aquelas em que tive vontade de conseguir.

Mas tinha a filha de 3 anos, a minha companhia do treino. "Força mãe... o teu pudim está mais pequeno". Refere-se à barriga flácida, como nós carinhosamente lhe chamamos. Continuei mais 1 ano de exercício em casa, com agachamentos, flexões e abdominais.

Podem não fazer grande coisa, quando se tem gordura para perder, mas mais vale fazer poucos do que nenhuns.

Nesse verão comecei a tomar proteína, um resto de embalagem de um amigo. Como tive medo, decidi juntar apenas uma colher com meia banana e um kiwi. Não sei se foi do exercício praticado 5 vezes por semana ou da "experiência tonta", mas a celulite desapareceu quase toda e o corpo ganhou forma. A brincadeira durou alguns meses, pois não voltei a tomar nada.

Uma das regras de ouro que sempre adotei, foi comer um bom lanche uns 30-50 minutos antes do exercício, para ter energia. Às vezes como Cerelac. Mal não fará, pois é a alimentação exclusiva dos bebés. As minhas sopas são consistentes, ponho todos os legumes e "carrego" na batata-doce, cenoura e abóbora, porque sou muito gulosa. Como o que quero, não percebo nada de nutrição, não sei contar calorias. Apenas adapto a alimentação ao meu organismo. Nada de bolacha de Aveia, tostas ou cereais com muesli, porque são pólvora para o meu intestino! Atualmente tenho 58 kg, estou muito bem, mas a gordura da barriga está difícil de sair, e continua a fazer pressão, o que não ajuda na incontinência.

Provavelmente, porque não sigo nenhum "plano alimentar", ou porque não faço os exercícios abdominais suficientes e mais adequados. Não sei. Não poder levantar pesos também não ajuda. Obrigada"

Hoje leio isto e rio de mim própria, pela ousadia de ser diferente e pela criatividade. Pela determinação e por acreditar em mim.

Eu não precisei dos "likes" dos outros nas redes sociais, para me sentir realizada. Não foi necessário equipamento desportivo de última geração para fazer caminhadas ou para parecer bem nas fotos com o melhor ângulo do pôr-do-sol. Na verdade, não houve fotos nem companhia no treino. Fiz tudo sozinha, exclusivamente para mim. Provavelmente, se tivesse divulgado, hoje teria um milhão de seguidores. Não o fiz porque achei que era algo que só a mim me dizia respeito.

Era uma questão de autoestima, de valor e amor-próprio, não de exibicionismo.

Hoje, se o voltar a fazer, provavelmente divulgarei com o objetivo de ajudar outras pessoas. Caso contrário, não fará sentido algum para mim.

Como é que eu consegui ter umas pernas tão bonitas só com uma bicicleta elíptica e alguns exercícios localizados?

Simplesmente questionava, experimentava formas diferentes de utilização. Eu não sabia e procurava saber, não me deixando influenciar por tanta informação disparatada que ouvia. Cinco a dez minutos no nível máximo é mais eficaz do que trinta no nível médio. Porque são objetivos diferentes.

Também ouvi comentários negativos das pessoas mais próximas e mais uma vez não liguei.

Chegava a ser irritante. Ao início era porque tinha excesso de peso e comentavam a quantidade de comida que eu colocava no prato. "Eu é que sei. Quando eu decidir que quero fazer dieta, eu faço. Até lá, eu como o que eu quiser". Depois comprei a bicicleta elíptica e ouvi que era um excelente cabideiro para pôr a roupa. Anos mais tarde, reclamavam de estar tão magra e de fazer tanto exercício.

Mas ainda bem que eu não ligo ao que os outros dizem, porque os outros nunca estão bem com nada e darão sempre palpites sobre tua vida. Quem tem de achar és tu, com base no conhecimento e não em opiniões alheias.

Também me faz confusão a quantidade de informação contraditória que se lê nos dias de hoje, e principalmente aquelas imagens de mães de barriga lisa, quinze dias depois do parto.

Comecem a ter consciência dos factos e não façam críticas nem comparações. Tudo pela falsa ideia de perfeição e pela falta de conhecimento sobre o assunto.

Uma mãe que pratica exercício físico regularmente antes de engravidar e que tem cuidado com a sua alimentação desde sempre, obviamente que irá ter uma recuperação mais rápida do que uma mãe que não faz exercício, e só tem cuidado na alimentação durante a gravidez.

Não se pode colocar rótulos nas imagens que se vendem por aí, porque são exceções à regra e causam frustração na maior parte das mães, pela comparação.

Tem de haver menos ansiedade por causa da forma física. A recuperação leva tempo. Eu fiquei com uma barriga tão grande e tão flácida que nunca pensei que ficasse tão pequena passados três anos. As coisas levam tempo. Se a barriga se transformou durante 9 meses para gerar vida, como é que em 15 dias volta ao normal?

O único músculo que irá crescer é o "músculo de mãe", de tantas vezes que irás pegar na criança ao colo, até ela conseguir andar sozinha.

"Mas a fulana A em 20 dias saiu de barriga lisa". "E a sicrana B que fazia exercício grávida. Tu viste, 'miga'?"

É este tipo de mentalidade que as revistas sem conteúdo informativo provocam nas pessoas, porque só falam da vida dos outros. Não te deixes influenciar pelas revistas que só estão interessadas em vender. Nenhuma te irá explicar que não há dietas que consigam ser eficazes para toda a gente. Como é que é possível se nós somos seres humanos individuais com organismos diferentes?

E aquelas pessoas que já experimentaram de tudo e não conseguem emagrecer? Porque há todo um conjunto de fatores e não é só o peso que conta. E a estrutura óssea? E a questão hormonal? E a genética? E a idade? E o metabolismo? E o volume corporal? E a questão psicológica?

Ninguém questiona isso?

Há toda uma complexidade no tema.

Eu nunca usei o peso como medida de referência. Usava a fita métrica para medir o meu corpo e perceber o que ia modificando.

O que tu tens de fazer é procurar CONHECIMENTO para obteres os resultados que tu queres. Porque aquelas pessoas que estão com aqueles resultados têm conhecimento para o alcançarem.

Impressionante, nos dias de hoje, a quantidade de pessoas que fazem figuras ridículas só para "parecer que é fitness". Um conceito criado pelo marketing de venda e que ganha força pela falta de conhecimento das pessoas.

Gera comparação onde não há, frustração porque não conseguem os resultados que querem, e críticas dos outros sem fundamento.

Há excelentes profissionais no Desporto, mas infelizmente também há oportunismo. Aproveitam-se da falta de conhecimento das pessoas e estão mais preocupados com os lucros. E depois? O tempo dirá as consequências.

CAPÍTULO

O que acontece ao corpo quando deixas de praticar exercício físico?

Passados cinco anos do início do exercício e desfrutando dos resultados, também experimentei o resultado inverso. Deixar de fazer exercício e ver o corpo a perder forma. Já tinha experimentado e questionado muita coisa. Uma delas foi experimentar um mês a sopa, legumes e fruta, a tal dita comida saudável, e fazer exercício. Era horrível. Sentia-me mal-humorada, cansada e sem energia, emagreci tanto que só tive consciência quando olhei para as mãos e para cara e vi os ossos salientes. Percebi logo a quantidade de informação falsa e os mitos sobre alimentação saudável, só para "alguns" ganharem dinheiro à conta da ignorância dos outros. Quando a verdade for descoberta, e perceberem que têm de comer bem, as modas automaticamente mudam. Há restrições alimentares ou planos alimentares específicos para fins diferentes. Requer profissionalismo, responsabilidade e conhecimento.

Vendi a minha elíptica e comecei a pesquisar exercício feito com o peso do corpo. E foi assim que apareceu o meu namorado. Alguém entendido no assunto para tirar as minhas dúvidas.

Deixei definitivamente o exercício, quando iniciei um trabalho em regime noturno. Outro obstáculo na vida. Duas horas de viagem de casa ao trabalho e do trabalho a casa em transportes.

Ter de jantar às quatro ou cinco da manhã. Dormir de dia. Um trabalho dinâmico onde a comida andava, dentro da barriga, de um lado para o outro. Felizmente que foi temporário, porque eu não pretendia continuar ali. Fiquei com o organismo desregulado a nível hormonal. Descobri quistos na tireoide. E nunca mais consegui dormir uma noite inteira. Tinha sintomas de indisposição, intestino preso e tinha engordado brutalmente nos meses seguintes. Foi na fase em que as dores começaram a aparecer no corpo. Ciática, cabeça e costas. E eu não sabia o porquê.

Comecei a beber água. Tanta água, que tinha uma aplicação para me lembrar de beber água de hora a hora. O resultado? Intestino normalizado, mas a flacidez apareceu. A indisposição continuava. Sentia-me enjoada o dia todo.

Quando deixas de fazer exercício físico a tua disposição psicológica também muda. A paciência não é a mesma. Deixas de ter um brilho interior. O teu sorriso apaga-se. A autoestima diminui, porque já não olhas para o espelho e não cuidas de ti. É uma consequência. Começas a dizer a ti própria que voltas a fazê-lo um dia destes, mas nunca voltas porque a tua disposição não é a mesma. A roupa não "cai no corpo" da mesma maneira e começas a sentir-te mal. Tens consciência de que deitaste a perder anos de investimento teu. Vais perguntar-te vezes sem conta como é que chegaste a tal estado físico ou psicológico sem dar conta. Vais ter pena de ti própria. É horrível caíres num ciclo vicioso.

Qual é o segredo?

É não ficar ali, presa à baixa autoestima. Muito menos fazeres comparações com a fulana A ou B, ou ficar a olhar para os padrões inexistentes na vida real que surgem nas redes sociais.

Se estás a passar por uma situação idêntica, pega na caneta e no papel. Aponta o que não gostas de ver, o que gostarias de transformar e procura conhecimento para formares uma estratégia.

Lê sobre autoestima, vai ao cabeleireiro, arranja as unhas, inscreve-te num ginásio ou faz exercício em casa. Mas faz alguma coisa. Valoriza-te. Se perdeste o amor-próprio vai à procura dele através da fórmula. Não fazer nada e ficar ali a remoer na dificuldade não vai gerar resultados positivos.

Muitas pessoas só mudam quando levem a "chapada da consciência".

É importante que tu saibas que tu não és só o teu físico. A imagem é importante, mas por si só não te define como pessoa. Recebi muitos "olhares masculinos" pela condição física, mas nenhum deles mostrou interesse em conhecer a minha essência. E isso tornou-se incomodativo porque eu fazia exercício para mim e não para os olhares. A minha felicidade, alcançada pelo meu sucesso inicial, transformou-se em pesadelo posteriormente. Já tinha perdido a esperança e achava que iria ficar sozinha.

Isto para dizer que a tua felicidade, assim como o teu sucesso, são dinâmicos e não estáticos, como as imagens que vendem essa ideia.

CAPÍTULO 35

O que me levou ao fundo do poço?

Eu estava de rastos!

Fisicamente, porque tinha acabado de sair de um trabalho em horário noturno.

Nos últimos 7 anos estive em trabalhos que nada tinham a ver com a minha personalidade, os meus interesses pessoais ou habilidades profissionais, tirando duas ou três exceções. Conheci os falsos recibos verdes. És um trabalhador independente obrigado a cumprir horários e regulamentos como se fosses funcionário da empresa. Quem não o faz é visto com maus olhos e as portas fecham-se para futuros trabalhos. Os contratos de prestação de serviços não são justos para ambas as partes, mas as pessoas sujeitam-se porque precisam. Caso contrário, eu não assinaria um contrato com uma cláusula de "cedência de posição contratual". Provavelmente há pessoas que nem sabem o que assinam.

Passei pela oportunidade de frequentar um curso de cabeleireira, mas fui obrigada a recusar. O cabeleireiro oferecia o curso em troca de trabalho gratuito , uma espécie de "estágio" em simultâneo. Era impossível agarrar a oportunidade. Tinha ficado sozinha com um bebé de um ano e não tinha ajuda financeira. Tentei pelo centro de emprego, mas como tinha um nível académico superior ao 9º ano, já não era permitido agarrar tal oportunidade.

Sempre soube que não queria executar trabalhos fechada num sítio. Sentia-me aprisionada. Passei por várias experiências dessas, mas uma marcou-me pela negativa. Tive contacto com pessoas que detestavam o que faziam, reclamavam com tudo, mas faziam e continuavam ali porque o ordenado era garantido ao final do mês, com duas ou três exceções à regra. Eras obrigado a assinar as pausas na folha de horas em cima da mesa do chefe. Passados sete meses a trabalhar como um autómato, e neste ambiente, comecei a sentir enjoos, febre, diarreia e intestino irregular.

Quando o trabalho temporário acabou, fui ao médico fazer exames e não tinha nada. Como é que podia ser? Eu sentia-me tão mal e não tinha nada?

Anos mais tarde é que eu tomei conhecimento do tema da energia dos lugares, como causa de tanto mal-estar. Passei a acreditar no tema depois da minha experiência pessoal.

Psicologicamente estava desgastada, pelos 5 anos de processos que não resolviam quase nada.

Aliás, deu para tirar um "minicurso de Direito", perceber como o sistema funciona, e todas as dificuldades que existem para qualquer coisa. Levas anos!

Nos serviços públicos, percebi logo que é preciso ter sorte em encontrares profissionais competentes e dispostos a ajudarem-te. Na maior parte das vezes pouco te explicam e terás de ser "mexido". Procurares até encontrares o que queres. Vais encontrar muita informação dispersa, e muita gente para te atrapalhar a vida. Parece que são escolhidos a dedo.

"Mas você não colocou a cruz no quadrado A?" Pergunta a funcionária.

"Mas a sua colega disse para pôr a cruz no quadrado B. Pergunte lá a sua colega."

"Ó colega, informou este senhor que a cruz era para pôr no quadrado B?

"Eu sei lá! Não sei, eu atendo muitas pessoas aqui, não sei".

O típico cenário.

"Já preencheu o impresso 00?"

"Não. Sem o requerimento não resolve o problema."

"Mas as colegas com quem falei disseram-me que era por email. Eu estou há sete meses para resolver uma situação porque não me informaram corretamente que era necessário preencher o modelo 00?"

Também tenho muita experiência nisto.

Confias no que o senhor funcionário disse e depois quem se tramou foste tu. Depois, "chora e não reclama". Porque não há forma de reclamar. Não consegues nada.

Há serviços públicos que são da maior complicação. Tudo demora. É burocracia para tudo e mais alguma coisa. Encontras dificuldades para tudo. Para quê?

Só era necessário dizerem logo um sim ou um não.

Passam de departamento em departamento, arrastam o problema, fazem a pessoa perder tempo.

"Mas eu só preciso do carimbo neste papel", argumentas tu.

"Lamento, isso é com o colega B, e neste momento encontra-se na hora do almoço. E não vale a pena vir à tarde, porque depois estará em reunião. Amanhã também não vale a pena vir, porque é véspera de feriado e os serviços funcionam a "meio gás".

Espero que te rias mais e te identifiques pouco com este tipo de situações.

Acredita que é melhor rir, porque só dá vontade de chorar. E tens muita sorte, em não precisares da assinatura do subchefe do chefe, que se encontra muito ocupado, porque na realidade o funcionário não te assina o documento.

Resumindo, se a minha vontade em criança era conhecer o sistema, quando perguntava ao meu pai para onde ia o dinheiro que dava ao senhor da portagem, a vida encarregou-se de me dar as explicações todas que eu tanto queria. Toma lá em dose extra que é para perceberes melhor.

E agora rio-me de tudo e de mim própria, porque olho para trás e compreendi finalmente porque tive de passar por tantas dificuldades na vida. Andei anos desorientada em dificuldades, revoltada com tudo. Será que só eu é que passei por estas experiências?

É muito engraçado ter consciência da rapidez do sistema só para o lado de quem tem o poder.

Enganaram-se no valor a cobrar? Ainda tens um reembolso ou uma situação a teu favor? Vai ser uma eternidade para resolver. Quem já teve situações complicadas que diga!

Mas se não pagares as contas dentro dos prazos, tens o sistema a funcionar à velocidade da luz. Tu nem dás conta, mas em pouquíssimo tempo, passas a contencioso, com respetivos juros e penhora de vencimento ou bens.

E a linguagem?

Recebes uma carta que tem escrito:

"Segundo o artigo 000, do número 1 e 3, da alínea A, B e C, do código XXX, queira deslocar-se aos nossos serviços com a maior brevidade".

Simplesmente, tu nem ligas e deixas para amanhã ou para quando puderes lá ir na tua folga. Quando chegas perguntas o porquê da carta. E a senhora diz-te que é uma multa para pagares.

Uma multa? De quê?

Está aqui escrito. Uma multa, "Segundo o artigo 000, do número 1 e 3, da alínea A, B e C, do código XXX".

Ai tu não sabes vocabulário jurídico?

Estás tramado da tua vida. Aconselho-te a adquirires o mínimo de conhecimento jurídico. É normas, é regulamentos, é decretos-lei. No mínimo lê a constituição da República Portuguesa.

Nestes últimos 5 anos, observei tantas situações, que cheguei a compará-las, com um sujeito que se encontrava à frente de duas portas, à procura da saída.

Por cima das portas está escrito "entrada" na da esquerda, e "saída" na da direita. Só um pequeno obstáculo. É que tu só sabes português, está escrito "saída" em coreano. Lamento muito. Porque ninguém te irá dizer o que está lá escrito. Primeiro, tens que ter consciência de que algo está escrito por cima. Depois de muita dificuldade, percebes que está escrito em coreano. Por consequência, procuras alguém para te traduzir a frase. Primeiro erro. Não esperes nada dos outros porque serão poucos os que te irão ajudar. Mas se tiveres dinheiro vão-te aparecer tradutores na hora.

Como não tens dinheiro, procuras conhecimento, traduzes o que está lá escrito e consequentemente adquires a tua solução, ultrapassando o obstáculo.

O sujeito por baixo das portas era eu.

Andei anos nessas dificuldades e quando compreendi finalmente como é que as coisas se resolviam era tarde de mais. Alguém beneficiou da minha ignorância.

Melhor mesmo, só os serviços de telecomunicações. Para venderem é uma facilidade espetacular, mas para resolver um problema, tens de ter muita garra e conhecimento!

"Bom dia, estou com o problema X, pode-me ajudar-me?"

E tu ouves do outro lado a célebre frase, "só um bocadinho que eu vou passar ao colega".

Às tantas, já passou de colega em colega e no final ninguém te resolveu nada. Acabaste por ir à loja e, mais tarde, descobres que te descontaram dinheiro pela chamada.

É o prato do dia. E depois não querem que as pessoas tenham depressões?

Eu tive muitas situações destas. Só me chateei, perdi tempo, dinheiro, mas no final consegui resolver a situação porque tinha conhecimento sobre o assunto e sabia o que tinha de ser feito. Caso contrário, eu não teria conseguido nada.

Quem é que já não teve situações destas?

E quem aponta o dedo também tem obrigação de fazer elogios! Porque depois de tantas experiências negativas, já fui atendida de forma exemplar. Eu nem queria acreditar! "Será que é verdade? Eu fui tão bem atendida e resolveram-me o problema. Nem acredito que estou em Portugal."

Há excelentes funcionários com um profissionalismo e competência exemplares. Há outros que parecem uns parasitas da sociedade. Já cheguei ao cúmulo de ser mal informada num serviço público, deslocar-me ao mesmo serviço de outra zona, ser bem esclarecida e ficar com o problema resolvido. Como é que isto é possível?

A quem é que vais reclamar e exigir qualidade nos serviços?

E quando tu és bombardeado com vendas dos Call Centres? Será que estas pessoas são "obrigadas" a fazerem este tipo de trabalhos pela necessidade e pelo medo do desemprego?

Apoio ao cliente é uma coisa, impingir serviços e produtos é outra. Publicidade e venda agressiva? Como é que isto é permitido?

Ligam para o meu número, porque o adquirem nas ofertas de trabalho fictícias. Caso contrário, era impossível. Impingem um plano de saúde espetacular, e assim que tu dizes "sim, quero receber as condições particulares no correio eletrónico para ler com calma", automaticamente estás "entalado". Acionam o plano na hora e, garanto-te, caso não o queiras, vai ser uma carga de trabalho para o anulares.

É muito triste ver os planos ou seguros de saúde ganharem for-ça, quando deveríamos fortalecer o sistema nacional de saúde, que em Portugal é um dos melhores do mundo.

Agora imagina o tamanho da necessidade das pessoas, para tra-balharem nestes sítios a enganarem outras pessoas. Ou será que a consciência é pequena e o egoísmo enorme?

Eu recusei trabalho de Call Center por ter consciência que esta-va a enganar pessoas. Preferi passar dificuldades financeiras mas ter ética. Mas como ninguém come ou paga contas com ética, as pessoas simplesmente entram no sistema. E são muitas vezes mal-tratadas pelos clientes.

Depois de anos em situações complicadas, com obstáculos, difi-culdades para tudo sem conseguir ver resultados, cheguei ao fun-do do poço.

E quando chegas ao fundo do poço, o melhor é ganhares impul-so e subires a toda a velocidade.

E ninguém te ensina isso em nenhuma escola no mundo. Ficar em baixo não resolve nada.

O dia do clique, como costumamos dizer, foi quando encontrei um antigo amigo do liceu no Facebook que me perguntou o que tinha feito nestes anos todos.

Foi a "chapada da consciência" que me fez balancear de cima a baixo. Se eu já estava mal, fiquei pior quando descrevi em 5 linhas os meus últimos 5 anos. Eu não tinha nada de interessante para escrever, para além de ter perdido anos da minha juventude em obstáculos, processos jurídicos, trabalhos precários ou no desem-prego. Não tinha acabado o curso de arquitetura ou feito formação nalguma área de interesse.

Acredita que é um excelente exercício.

Escreveres a tua vida toda num papel, como se estivesses a contar alguém que já não te vê há vinte anos. Porque tu distancias-te e olhas para a vida como um todo, por outro prisma. Vais ficar mal contigo própria, sentires-te uma inútil, uma imbecil, uma falhada, mas o segredo é pegares nessa informação toda e transformá-la em algo positivo.

É pela minha experiência de vida que eu quero ajudar quem está a passar por situações assim.

O primeiro passo é "abrires" a mente, depois de tomares consciência da situação e passares pelo período de deceção contigo própria. É doloroso! Mas tudo na vida tem sempre solução. Mudar de vida requer mudar a maneira de pensar. E nesta fase é muito importante não ouvires críticas de ninguém à tua volta. Eu passei por isso, e não ajuda em nada. Muito pelo contrário. Abstrai-te e tira tempo só para ti e para te poderes "ouvir" a ti própria.

O meu lado racional diz-me que "alguma coisa devia ter ficado na bagagem da vida e seria útil futuramente". Mas o meu lado emocional não deixou ver-me mais nada de positivo naquele dia. Só me perguntava como é que tinha perdido tantos anos em coisas que não me beneficiaram em nada. É que o tempo não volta para trás. E se o tempo não volta para trás, então o caminho é para a frente. Fiquei a refletir no assunto sem saber bem o que fazer.

Ainda não tinha descoberto a fórmula.

CAPÍTULO 36

A história da depressão

"Estás com depressão", ouvia eu.

Esta mania das pessoas impingirem a depressão para tudo, não questionarem a origem da falta de energia mental, desânimo ou vontade de não fazer nada, já começa a cansar.

Uma pessoa que sabe o que quer da vida tem depressão?

E se permanecer em várias situações jurídicas, em que não resolve quase nada, com muita burocracia e pouca ajuda, também está com depressão?

E as pessoas que tiveram as vidas financeiras destruídas na Banca, também têm depressão?

Ninguém em 2012 queria confusão com Bancos.

Então eu queria fazer uma Escritura de Divisão de Coisa Comum e a Banca não deixava? Então eu sou obrigada a pagar dívidas solidárias, ter o ordenado penhorado porque a Banca não me autoriza a resolver o meu problema? E passar por apoios judiciários que podem ser excelentes ajudas ou podem ser a desgraça da tua vida?

Nunca aprendi tanto sobre Direito, e nunca escrevi tantas cartas na minha vida, para resolver um Acordo Extrajudicial apresentado e vinculado com o Banco.

Obviamente que levei com a manobra da crise, e bati o pé! Mas bati o pé sozinha e não consegui nada. E, estando sozinha, a Banca levou-me à falência. É interessante ver as manobras da Banca e a história da crise, quando os bancos são zero sem clientes. E depois tratam os clientes desta maneira?

Em 2009 não tinha sido necessário fiador para adquirir a casa. As imobiliárias eram extremamente facilitadoras na compra. Era tamanho o "facilitismo", que não conseguias adquirir crédito sozinho em Banco nenhum. Não porque não soubesses fazer uma Escritura e Registo de Propriedade numa Conservatória, mas sim porque as imobiliárias ganhavam comissões, argumentando melhores condições de acesso ao crédito.

E todos ficavam felizes, menos o cliente, caso alguma coisa corresse mal. Mas essa parte ninguém explicou. E a suposta "crise" veio e tudo correu mal. E quem é que ficou mal?

Não foram nem as imobiliárias, nem os bancos. Foram os clientes que encheram os bolsos a estas identidades e agora são os únicos a serem prejudicados.

Eu assinei, em 2009, um crédito hipotecário, onde o próprio imóvel serviu de garantia no contrato. Em 2011 já não servia de garantia, porquê?

Não consta no contrato assinado por mim qualquer referência ao valor remanescente, calculado com base numa avaliação a efetuar no futuro, sem data específica, valor que por coincidência será baixo, por causa de uma suposta crise, mantendo assim o vínculo contratual, até que a respetiva quantia seja paga ao Credor.

Se esta cláusula estivesse especificada no contrato de hipoteca, nunca na vida eu o teria assinado!

Mas o que é isto?

Há pessoas que contraem créditos para pagar a suposta dívida remanescente.

Então, por um lado, as pessoas não têm dinheiro para pagar a prestação do empréstimo, mas por outro já têm recursos para adquirirem um crédito pessoal com juros altíssimos, para pagar o valor remanescente?

E foi assim "a minha luta depressiva".

Se eu hoje estudasse Direito, já tinha o estágio feito na escola da vida.

Eu queria pagar o meu empréstimo, em vez de pagar uma casa alugada no mesmo valor, mas sem a solidariedade no empréstimo e na casa. E por isso fui à Conservatória informar-me.

Mas porque é que para pagar a contribuição do imóvel, o valor é divisível e na responsabilidade do empréstimo já não pode ser? Isto é um fenómeno matemático "daqueles"!

Resumindo, apoios judiciários que não decorreram da melhor forma, meses a escrever cartas para todos os sítios, sem conseguir resolver nada. Até para os programas de televisão eu enviei a minha história, mas ninguém quis saber de mim para nada.

A Banca ficou-me com a casa e não me deixou fazer uma Escritura de Divisão de Coisa Comum, apresentou-me um valor remanescente para pagar, empurrando-me para a Insolvência em 2017.

E depois ainda me dizem que eu tenho depressão?

É de quem não tem a mínima consciência da realidade à sua volta.

Dizem isso porque eu estou em Portugal e não estou na Islândia, o país que prendeu Banqueiros pela crise de 2008?

Ou será que se eu tivesse tido conhecimento jurídico suficiente o problema teria sido resolvido logo em 2012?

Claro que teria sido resolvido de outra forma.

Atualmente, já existem entidades que ajudam as pessoas e apresentam soluções. Mas há 5 anos fecharam-me as portas em todo lado. Sempre me diziam, "é assim, nada a fazer".

Nada a fazer?

Isto aconteceu a milhares de portugueses.

E continua a vender-se a história que o país esta em boas condições económicas? E a quantidade de Insolvências diárias?

E que tal calçar as botas do pobre e passar seis meses com ordenado mínimo, pagar as contas, fazer magia e comer ar? Andar de transportes públicos é muito divertido e incentiva o desenvolvimento social. Principalmente no verão e nas zonas suburbanas. As pessoas adoram conversar e, se tomares atenção, as conversas são sempre as mesmas. Normalmente são desgraças, ou falam da vida dos outros ou de quem é o mais coitadinho. Se reparares no que estão a ler, são revistas com um nível cultural mínimo, inútil para a tua vida, incentivando a futilidade, a imagem, as novelas ou a "quadrilhice" sobre a vida dos outros. Neste cenário, eu também sou "Pró".

CAPÍTULO 37

Depressão ou consequência do sistema?

A depressão é a doença mais falada nos últimos tempos. Parece que há cada vez mais pessoas com depressão, na sociedade. Mas porquê?

Já fizeste uma comparação entre a percentagem de felicidade nos países "ricos" e nos países "pobres"?

Será que num país em que o sistema de saúde funciona, a justiça é rápida, o ensino é o pilar da educação, em que a população tem poder de compra, e o nível de corrupção é baixo, as pessoas são depressivas?

É nesta linha de raciocínio, juntamente com a minha experiência de vida nestes últimos anos, e muita observação nas várias áreas da vida, que eu questiono o assunto.

Nem vale a pena argumentar que eu não sou licenciada, nem mestrada em Psicologia, porque eu sei o que é estar deste lado de cá. E, num futuro próximo, desejo adquirir formação para estar do lado de lá e poder ajudar outras pessoas. Escrever este livro foi a primeira forma que encontrei para alcançar esse objetivo.

Na área da tecnologia, nomeadamente nas redes sociais, os jovens, nos dias de hoje, têm um comportamento onde o "faz-de-conta" reina. Acreditam em tudo o que veem nas redes sociais ou na televisão. Provavelmente haverá um "boom" nos próximos anos na área da psicologia e psiquiatria, não sei.

Mas qual vai ser o preço a pagar por este faz-de-conta?

Este mundo virtual onde tudo é perfeito e ninguém tem problemas. Onde aparecem sorrisos em fotos espetaculares, onde se mostra o que não se tem. Onde a hipocrisia tomou conta do nosso mundo real.

O desejo de aparecer é grande, o de ser aceite pelos outros é enorme e a vaidade é gigante!

E os comentários e as críticas?

Sobra muito tempo real na vida das pessoas, para o gastarem nas redes sociais.

"O descanso do guerreiro" lês tu na foto de alguém recostado no sofá, num domingo à tarde. Foto gira, com 946 "likes". Mas qual guerreiro?

Na realidade, está frustrado, porque está "teso que nem um carapau", sem dinheiro para sair de casa.

Mas como a necessidade de aparecer, e de parecer feliz, perfeito e aceite pelos outros, é tão grande, tu vais ter este comportamento, porque é mais fácil enganares-te a ti próprio.

Aliás, qualquer dia isto torna-se o "normal". Isso é que é grave! O anormal dar lugar ao normal.

E quem sou eu para falar sobre este assunto?

Eu sou a privilegiada que viveu a fase da adolescência sem redes sociais. Atrevo-me a dizer que há jovens que não conseguem estar um dia sem Internet. Nem sonham o que isso é, porque nasceram na geração da tecnologia. Esta necessidade gigante de "aparecer", de ser "reconhecido", de ser "aceite" pelos outros, é algo que não compreendo.

A questão da privacidade ou a falta dela é algo que me assusta!

Adoro analisar o comportamento das pessoas. Se calhar deveria ter feito formação em psicologia comportamental, em vez de arquitetura.

O que observo nos dias de hoje deixa-me deprimida e com as mãos na cabeça. Será que sou a única a ver que as fronteiras entre o mundo real e o mundo virtual por vezes confundem-se?

Qualquer dia não se fala, só se escreve. O telemóvel ganhou uma importância gigante nos dias de hoje. Vejo a desaparecer os valores de ética, de educação ou comportamentos básicos em sociedade.

Eu é que fico "deprimida" ao ver tanto egoísmo, individualismo, oportunismo, falta de valores, falta de conduta. Falta de tudo.

Quando os ídolos dos jovens ou dos adultos são concorrentes de Reality Shows ou figuras públicas, que nada de útil fazem à sociedade a não ser cuidar da imagem, não se pode esperar muito. Sobem na pirâmide social, porque são o alimento das revistas e das redes sociais. Alimento que as pessoas gostam de consumir. E depois querem alcançar o sucesso, como?

A olharem para o umbigo ou a comparam-se uns com os outros?

É um hábito péssimo, incutido nas pessoas.

Lembro-me perfeitamente da minha mãe ter esse hábito. Mães, não façam isso. Nada de comparar. A comparação só traz sentimentos de inferioridade, porque cada pessoa é uma pessoa e não há nada para comparar. "Eu não sou os outros" era o que respondia sempre.

Em vez do ser humano evoluir, está a regredir.

Mas porquê?

Pegando no exemplo do "descanso do guerreiro", é muito mais fácil "mentir, manipular, enganar", do que ser frontal? A frontalidade tem um preço muito alto, e eu que o diga.

Aliás, só perdes! Dizeres o que pensas só te prejudica.

Provávelmente sou o exemplo de pessoa "cool" para a minoria.

Caso este livro seja um sucesso, e eu consiga mudar mentalidades, ajudar a melhorar a vida das pessoas, e ser "cool" para a maioria, acredita que estás a ver um milagre!

Porque os milagres que eu vejo ultimamente, correspondem a dar protagonismo a "bobos da corte". Esses que alimentam as revistas sem conteúdo e os programas de televisão. Que se tornam virais nas redes sociais, mas não vivem com o ordenado mínimo. E foste tu que deste "tempo de antena" ao bobo da corte. Tu é que te matas a trabalhar e ganhas mal, mas permites que os bobos da corte ganhem bem às tuas custas. Tens consciência disto?

Observo, muitas vezes, uma mentalidade submissa, hipócrita ou oportunista, cínica de sorriso amarelo, onde a filosofia de base é a do ditado popular "se não os podes vencer junta-te a eles".

Qual o preço a pagar por esta mentalidade?

Eu sei o preço que eu pago por não me enquadrar em quase nada na sociedade. Por ter opinião própria, por ser frontal, por gostar da minha própria companhia, por não ter a necessidade de parecer, mas sim de ser. De tentar ser justa e correta nos dias de hoje. Aprendi a dizer "não" e a colocar limites nos outros. Se viveres a vida em função dos outros, terás as consequências disso. Um dia, olhas para trás, e não viveste como gostarias de ter vivido, porque não tiveste coragem de dizer que "não" ou viveste preocupado em agradar aos outros.

Mais exemplos? E o trabalho precário? O Outsorcing continua na moda. Na prática, és subcontratado por uma empresa de trabalho temporário que "ganha" sobre o teu vencimento baixo. Trabalhar neste sistema, durante anos, não provoca depressão?

Adorava quando me pediam para preencher a "ficha do candidato", enquanto esperava pela entrevista, só para me manterem entretida. Se não fosse para isso, então para que pediriam o preenchimento de uma ficha com os mesmos dados do curriculum? Isto não é de ficar deprimido?

E os Call Centers? Provavelmente haverá um número reduzido de pessoas que gostará do que faz, porque tendo em conta a quantidade de anúncios que há, a rotatividade é grande.

E ser obrigado a trabalhar no que não se gosta, com colegas de trabalho insuportáveis, onde no final do mês se recebe um valor reduzido? Pagas as contas e ficas a zero antes do final do mês. És maltratado o dia todo, porque estás a tentar impingir produtos ou serviços às pessoas e, na verdade, quem está a lucrar com isso não és tu. Tanto esforço, para seres explorado. Isto não provoca depressão?

E estares em casa desempregado a enviar currículos sem sucesso? Vais às entrevistas, tens de "vender o peixe". Por vezes apanhas com empresas fantasma que te enganam vezes sem conta. Tu pensas que vais para trabalho X e na realidade espera-te o trabalho Y. Criaste uma esperança, uma expetativa, porque estás aflito, e na verdade só foste gastar tempo e o pouco dinheiro que tens.

Será que isto não causa depressão?

E quando estás desesperado e respondes aos anúncios que procuram "novos talentos"? És chamado para entrevista e pedem-te X em dinheiro por umas fotografias, em troca de gestão de carreira em programas, a bater palmas, ou fama e sucesso rápido.

Isso não provoca depressão?

E trabalhar há anos num trabalho que não gostas, mas não mudas com medo da novidade? Agarrado à falsa ideia do "garantido ao final do mês". Será que isso não provoca depressão? Já pensaste que chegarás aos 40 ou 50 anos, a trabalhar no que não gostas, e que as opções de mudança serão mais reduzidas?

E tu que és obrigado a sujeitar-te a um chefe arrogante, porque tens filhos a quem dar de comer? Isso não provoca depressão?

Pior! Engoles em seco, obrigado a ficar de "bico calado", porque dar opinião própria não é permitido. Caso contrário, és despedido. Por isso é que, muitas vezes, as pessoas por trás falam de uma maneira e pela frente falam de outra. Essa, aprendi na faculdade.

E os falsos recibos verdes? Nesta também sou perita.

E relações destrutivas em que as pessoas não conseguem colocar um "basta", ou em que têm medo um do outro, ou por algum fator de dependência financeira, ou com medo do que os outros vão achar? A submissão não provoca depressão?

E os programas de televisão? Aqueles em particular que não agregam nada de útil à tua vida? Só servem mesmo para te entreter, não te ensinam nada, não geram valor ou conhecimento. Tu estás deprimido em casa, e põem-te à frente de "animação fútil" para te esqueceres dos problemas. Mascaram a realidade dura de muitas pessoas. Agora ajudar a resolver problemas, é raro!

Já viste algum programa de televisão focado em ajudar as pessoas? A apresentarem soluções e a melhorarem a estrutura do sistema?

Alguns programas em que isso acontece dão ênfase à "desgraça do pobre coitado".

É impressionante como o comportamento das pessoas se altera, quando se mostra o lado do "coitadinho". Também tenho experiência nesse campo, quando trabalhei numa empresa e as pessoas me achavam antipática, porque não fazia sorriso amarelo, só para parecer bem. Mas a opinião mudou, quando descobriram que o motivo de ser "fechada". Eu estava sozinha, com um bebé de um ano e meio e com o ordenado penhorado, por dívidas solidárias. Eu não tinha motivos para sorrir e simplesmente não gostava de partilhar a minha vida com os outros. Isso não me resolvia os problemas.

Às vezes fico a pensar no alarido que se faz à volta do sofrimento dos outros. Passados uns meses, ficam no esquecimento. Particularmente nas notícias. É que nunca vejo ninguém a dar importância às conquistas ou vitórias de alguém, com exceção do futebol.

Contaminam as pessoas com a ideia de que isto é tudo mau, para tu ficares mal, o teu discurso ser negativo e o mundo continuar mal.

E a descrição parece surreal?

Por isso é que as primeiras vezes que as pessoas fazem meditação guiada, experimentam algo incrível. Pela primeira vez, conseguem abstrair-se dos pensamentos negativos e visualizar coisas positivas. A mente não fica contaminada só com aquilo que vemos e ouvimos à nossa volta no dia-a-dia.

Achas mesmo que eu não estou a descrever a realidade dos dias de hoje?

Então experimenta estar um dia inteiro a ver desgraças, a ter conversas negativas e vê o que acontece ao teu discurso. Verifica o teu comportamento e a maneira de olhares para o mundo e para as pessoas.

Não, o mundo inteiro não é assim!

Há sítios em que a qualidade de vida das pessoas é importante. Há países em que a educação e o sistema de ensino funcionam. Funciona o sistema de saúde, o sistema jurídico e as pessoas são mais felizes. E, isso, ninguém te irá mostrar. Da mesma forma que poucas pessoas sabem que existem regulamentos e normas para tudo. E, quando tiveres consciência de como as coisas funcionam, acredita que ficarás depressivo.

Justiça? Tudo neste país demora. Tens um problema e precisas de recorrer à Justiça? Se tens dinheiro, a solução é uma, se não tens dinheiro, a coisa pode correr bem mal. Garanto-te que apanhas a depressão da tua vida se não souberes lidar com as situações. E nada melhor que o meu exemplo ridículo para demonstrar isso.

Muitas vezes, as pessoas sentem-se deprimidas, infelizes, com uma angústia horrível, uma mágoa, uma tristeza, e não sabem de onde vem. A dor psicológica é insuportável e não sabem o que fazer para acabar com ela. Se a pessoa tem um problema, esse problema tem uma causa. Se souber a causa do problema, sabe como encontrar uma solução. É o raciocínio mais simples e que pode ajudar. Só que, na maior parte das vezes, a pessoa está tão focada nos problemas que não vê as soluções à sua frente.

Ao longo da vida, passamos por situações complicadíssimas, difíceis de ultrapassar, que provocam um sofrimento enorme. Quando não as ultrapassamos e ficamos ali "a bater na mesma tecla", estas situações criam desânimo, frustração, tristeza, mágoa, revolta, dor e impotência.

Provocam um desgaste mental inexplicável.

A dor emocional chega a ser mais intensa que a dor física, no meu ponto de vista. Também sou "expert" nisso! Comparando as dores do pós-parto com o desgaste emocional em processos em tribunal, acredita que a primeira é menos dolorosa. Quanto mais tempo ficarem presos a uma situação, maior será a dor provocada e maior a marca que ela irá deixar. E foi nesta fase que eu conheci Augusto Cury, com o seu método "D.C.D – Duvidar, Criticar e Decidir", dentro do Programa da Academia de Inteligência de Qualidade de Vida, simples e de fácil acesso.

Precisas de ser otimista e olhar para a situação sob vários pontos de vista. Sê criativo e vê as dificuldades como um pote de barro, grande, pesado e robusto. Ele é assim até ao dia em que cair no chão, se transformar em cacos e não valer nada. Se carregas um pote desses na vida, larga-o já.

CAPÍTULO

A sociedade transforma o ser humano?

Porque é que as pessoas se transformam na vida, pela negativa?

É a pergunta que mais tenho feito nestes últimos tempos.

Não nascemos a saber o que é o preconceito, o racismo, o ódio, a intolerância ou a vingança.

Será que já nascemos com os sentimentos positivos e negativos ou os valores morais adormecidos algures, que vão evoluindo consoante o desenvolvimento e a idade? Será que a sociedade ajuda a desenvolver esses sentimentos através daquilo que nos ensina ou nos condiciona? Fará prevalecer comportamentos inatos, como o instinto de sobrevivência, que se sobrepõem à inteligência e ao poder de decisão?

Achas que estas perguntas não têm pés nem cabeça e são para rir?

Eu ri muito, há uns anos, ao observar o comportamento das pessoas, quando uma rede de supermercados decidiu fazer uma super-campanha surpresa de descontos no dia 1 de maio de 2012.

Foi muito interessante ver o caos instalado pelo comportamento das pessoas, ao estilo "cada um por si, que é o vale tudo", movidas por um verdadeiro instinto de sobrevivência.

Até os carrinhos do supermercado passaram a ter valor negociável, por serem poucos e toda a gente os querer. A educação e a etiqueta de alguns, não sei para onde foram.

E foi só por descontos nas compras!

Agora imagina não haver comida ou água para todos. Comiam-se uns aos outros!

Chama-lhe instinto de sobrevivência ou o que tu quiseres.

O que eu vejo é que, quando há para todos, toda a gente é civilizada. Quando deixa de haver para todos, é cada um por si. E os piores são os que não estão habituados a fazer sacrifícios.

É interessante ver o comportamento na infância, na fase adolescente e na fase adulta. Só piora.

Lembras-te do "bater com mais força para ver se ele gosta"?

Quando cresce, evolui do bater para o "pagar na mesma moeda, para ver se o outro gosta".

E, quando for adulto, tem a capacidade para engendrar um plano porque "a vingança é um prato que se serve frio, para ver se o outro gosta"?

O ser humano precisa de evoluir.

Vejo este tipo de comportamentos acontecerem, mas não vejo explicações para as suas causas.

Porque é que o mundo é desigual e as oportunidades não são iguais para todos?

Eu não sei se nascemos com sentimentos negativos, mas, se assim for, também nascemos com sentimentos positivos. E gostava de observar o que acontece quando o amor, a tolerância, a compaixão, a partilha, a cooperação são desenvolvidos. Teremos uma sociedade de seres humanos evoluídos?

Óbvio que esta teoria não é linear, mas já cansa ver tanta maldade no ser humano.

Será que o ser humano tem consciência de certos comportamentos e da sua mentalidade?

O que será que leva as pessoas a baterem-se umas às outras por causa de um jogo de futebol, mas quando é necessário defender alguma causa útil à sociedade, perdem a valentia toda? O objetivo do jogo não é gerir violência. É juntar as pessoas num momento de lazer.

Há ideias implantadas em nós e é assim que continuam o "ciclo vicioso" na sociedade. Portanto, se houver uma educação baseada nos valores básicos e éticos da sociedade, este ciclo rompe. Por isso é que a maior parte do mundo é "pobre" de educação, para que prevaleça a ignorância. E quando falo de educação, não abrange só o nível académico, mas sim o conteúdo informativo que cada um absorve.

E se houvesse educação e abundância financeira para todos?

Será que havia necessidade de tanto ódio, tanta ganância, intolerância, preconceito e inveja?

Como é que seria o mundo se houvesse qualidade de vida para todos?

O que é que é preciso acontecer para que isso seja possível?

Já pensaste que todo o sistema gira à volta do dinheiro e não das pessoas? Mas são as pessoas que fazem girar o dinheiro. Então, será que as pessoas podem transformar o mundo?

Da mesma forma que estamos a caminhar para a negativa, também é possível caminhar para a positiva?

É um problema estrutural. Enquanto não se mudar mentalidades, não há maneira de mudar a estrutura.

E é na infância que as novas mentalidades têm de ser mudadas. E não é com este sistema de ensino, que não prepara para a vida. Não sei como os jovens desta geração tecnológica irão reagir às dificuldades da vida real.

Nos próximos tempos iremos assistir a um número crescente de pessoas que apresentam soluções milagrosas para mudares a tua vida em 15 dias. Vai ser tão lindo como a época das dietas milagrosas.

"Abre os olhos" e ganha consciência. Haverá excelentes profissionais, mas também "banha da cobra".

E porquê?

Porque as pessoas estão carregadas de problemas sem saberem o que fazer, e há muito oportunista esperto a querer ganhar dinheiro à conta da tua desorientação.

Procura o conhecimento de forma sábia para não seres enganado. Há ótimos conteúdos gratuitos, cursos pagos e bons profissionais. Tu é que terás de saber o que será útil à tua estratégia.

Em Portugal tens desigualdade social, desigualdade económica, desigualdade de géneros, muita informação dispersa, desemprego e trabalho precário em grande escala. O pilar fundamental, a Justiça, é caro e lento. De tal maneira que já gerou um conformismo coletivo. Basta ver as notícias.

Os serviços funcionam dependendo do funcionário que te atende e da sorte que tens. Tens uma enorme quantidade de pessoas obrigadas a emigrar.

Será que deveriam ter feito os cursos "como mudar a sua vida em 15 dias"?

Querem mesmo enganar as pessoas com soluções milagrosas em pequeníssima escala?

Cada vez há mais injustiças, dificuldades para obter qualidade de vida, e depois apresentam soluções "cor-de-rosa"? Onde é que estão as soluções estruturais?

Como é que se acaba com as guerras?

Como é que se acaba com a desigualdade social?

Por acaso vão apresentar soluções para acabar com o capitalismo desenfreado ou com a corrupção?

Tens um problema estrutural que obriga as pessoas a terem mentalidades e comportamentos específicos na sociedade. A única coisa que tu tens poder para mudar é a tua atitude perante o sistema. Quanto ao resto, é conversa.

CAPÍTULO

Os jovens da atualidade

E quando nos tornamos adolescentes?

O que fazer, tendo em conta que não é ensinado nas escolas a transformar as situações negativas em positivas?

Que a sociedade não é justa. Que tu não mudas o mundo, mas o mundo pode mudar-te, e para pior.

Que ao longo da vida irás ter derrotas, desgostos, deceções e, se não tiveres alicerces fortes emocionais, ficarás "cinzento", amargurado com a vida, porque continuas a ver tudo negativo e não consegues transformar emoções.

O que o mundo exterior cultiva em ti?

Futilidade, consumismo, ideias de perfeição, ideias de beleza inatingíveis, conceito de sucesso ligado ao dinheiro.

E os programas de cultura zero, que só servem para lavarem "roupa suja"? O que retiras de útil para o teu sucesso?

Porque perdes o teu precioso tempo de vida nas redes sociais, a comentar situações que não contribuem em nada para alcançares o sucesso na tua vida? Não seria mais produtivo gastar esse tempo com amigos verdadeiros, ou em família, ou com a namorada, ou com o marido e com os filhos?

Ou estás presente no mundo real ou estás ligado ou mundo virtual. Porque ao estar presente nos dois ao mesmo tempo, acontece o que a realidade mostra. Pessoas na rua a sorrirem para o telemóvel. Casais que em vez de conversarem e fortalecerem os laços da relação, estão mais preocupados com o conteúdo das redes sociais. Pais que em vez de darem atenção aos filhos, estão mais importados com as mensagens que recebem no telemóvel, porque priorizou-se a escrita e não a fala, como meio de comunicação.

Porque é que a futilidade se torna viral? Já percebeste que os comentários nas redes sociais são o reflexo das pessoas na sua vida real? E se os comentários nas redes sociais têm assim tanta força na sociedade, porque não os usam em situações úteis?

Porque não ocupas o teu tempo com o que é verdadeiramente importante na tua vida?

Idolatras pessoas comuns que alcançam o sucesso pelo teu desejo de ser o outro e que sem ti não são nada?

Porque gastas o teu tempo em redes sociais, com o objetivo de fazer novas amizades?

Quais amizades?

É mais fácil escrever para um ecrã, do que meter conversa com as pessoas no mundo real, que estão à tua volta. É aqui o cerne da questão.

Nas gerações anteriores à minha ou na minha adolescência, quando queríamos conhecer pessoas novas, saíamos à rua com amigos ou com os primos. Íamos ao cinema, às discotecas, à praia, aos cafés, bares, reunidos em grupos que permitiam conhecer novas caras. Os amigos traziam novos amigos e sabíamos socializar e conversar uns com os outros. Não havia redes sociais e éramos mais felizes.

Somos capazes de estar numa sala de espera para uma entrevista de trabalho, e ninguém diz nada para além de um "boa tarde".

Cada um com o seu telemóvel na mão, quer seja para entrevista individual ou em grupo. Quando as entrevistas são feitas em grupo, numa primeira fase, acontece uma dinâmica de grupo, que permite posteriormente uma interação comunicativa, enquanto esperamos pela segunda fase da entrevista.

Mas como a vida não é uma sala de entrevistas em grupo, precisamos mais de parecer do que de ser e, por essa razão, estamos presentes em redes sociais, ao estilo carne na vitrina do talho ou catálogo de roupa comprada on-line, à espera de sermos escolhidos pela boa imagem. Pela minha experiência e observação destes cenários, o mundo virtual, por si só, não consegue alcançar o sucesso das relações físicas do mundo real.

No mundo das redes sociais para "novas amizades", podes ter sorte nas pessoas que encontras, mas a maior parte não interessa. Não tem vida própria, ou é infeliz na vida real e está ali a passar o tempo, ou tem perfis falsos. Como somos seres humanos visuais, somos facilmente enganados pelas imagens que chamam a atenção.

E depois admiram-se que os jovens tenham comportamentos inadequados na sociedade. Estou para ver é quando estes comportamentos forem qualificados "normais".

Estou a exagerar?

E o que acontece nos dias de hoje com os conceitos de ética?

Ser honesto, nos dias de hoje, é quase uma cruz.

Tornamo-nos adultos, obrigados a trabalhar no que não gostamos, porque tem de ser. Como não há para todos, os meios justificam os fins. Porque é mais fácil sorrir, ser cínico, e dar palmadinhas nas costas dos outros, porque consegues mais rápido o que queres. É mais fácil mentir, omitir, e parecer do que ser. Se for preciso és sacana e manipulador com os colegas. Lambes as botas ao chefe, porque é mais simples, e assim ele ganha um amigo "bufo" que pode controlar os colegas por ele.

Como não há para todos, é cada um por si.

Ou, então, passas o tempo a olhar e a comparar-te com o outro, porque não sabes como alcançar o sucesso.

Não "paras para pensar" em soluções, porque o sistema de ensino só te injetou informação, que não te permite questioná-la.

Procuras satisfação em coisas externas, que dão um sentimento de felicidade temporária. Tens uma relação falhada ou alguém te traiu, e para ti os homens passam a ser todos iguais, quando não o são.

Não sabes ser cauteloso, crias expetativas em relação a pessoas que achavas serem teus amigos, mas que afinal eram interesseiros. És obrigado a emigrar e estar longe da família, porque o teu país não te proporciona condições laborais e qualidade de vida. Ou trabalhas num sítio e não procuras melhor porque tens medo do futuro incerto, quando na verdade não há futuro garantido.

Qual é o preço a pagar por tudo isto?

O que é que te acontece quando tu perdes o amor, a alegria, o positivismo, a compaixão, a solidariedade, a bondade, a esperança, e a fé?

E quando perceberes que a ganância do dinheiro é o veneno do mundo? E que a ignorância é que permite as guerras, a morte, a dor e a violência?

A visão básica e simplista do positivo e do negativo no ser humano fez-me ter consciência da importância do EU na fórmula.

Tu tens de aprender a lidar com situações injustas, com as dificuldades, com a dor, e procurares CONHECIMENTO para transformares o EU. Caso contrário, nunca terás o SUCESSO que queres.

Não é à toa que "o sonho comanda a vida".

Tu visualizas o que desejas, acreditas em ti e em como és capaz de alcançá-lo, mas nunca perdendo a fé durante o percurso, até lá chegares.

CAPÍTULO

A fórmula para mudar a mentalidade dos adolescentes

Dou o exemplo da imagem visual, explicando primeiro a maneira errada e depois a mais correta, mostrando o comportamento que observo regularmente, num dos temas mais falados.

A tua amiga tem uma roupa estilosa?

Tu olhas, invejas, criticas e adquires sentimentos negativos, que não te levam a lado nenhum, continuando na ignorância, mergulhada na frustração.

Pois é, o meu exemplo é "estúpido", mas é a realidade atual. E se eu quero mudar a realidade atual, preciso de uma solução prática para mudar a mentalidade dos jovens, passando conhecimento útil.

A Internet está cheia de imagens de referência e os jovens querem ser iguais ao que veem.

Porquê?

São apenas imagens que captam momentos, segundos de uma vida ou vídeos de 10 minutos, que não mostram o que está por detrás das câmaras.

Há que saber distinguir a realidade da ficção. Neste caso específico, há que ter consciência da realidade virtual.

As pessoas acordam despenteadas, mal-humoradas, com o pijama desarrumado, as cuecas à mostra, com remelas nos olhos e mau hálito. E sorte a tua que não existe olfato nos vídeos.

Continuas a acreditar que a pessoa Y que segues nas redes sociais nunca acorda assim?

Aparece sempre sorridente, de pijama sexy, com o cabelo ligeiramente despenteado, sem olheiras, com a seguinte frase, "Bom dia mundo!"

Tu é que precisas de acordar para a vida!

Porque aquilo que tu não viste por trás da foto é que ela já lavou a cara, os dentes, tirou as remelas dos olhos, colocou o hidratante ao de leve só para ter melhor cara, penteou ligeiramente o cabelo, endireitou o pijama e posicionou-se num ângulo que lhe traga 200 mil likes na foto, porque vive disso.

E tu, para além de desejares ser ela, contribuis com o teu like que lhe permite ter a vida que tu desejas ter.

Tens consciência disso?

Na prática, vais continuar cá em baixo, porque ainda não percebeste que não podes ser igual a ela. É impossível. Cada ser humano é único. Nem mesmo o tipo de letra se repete.

O que é que contribui para a tua felicidade em desejares ser o outro?

Só podes ter o outro como referência, para procurares o conhecimento que precisas, elaborando uma estratégica, que te permite chegar ao que tu desejas. Se não aplicares a fórmula, vais ficar a olhar para as imagens e não vais conseguir sair do lugar onde estás.

E para que servem os teus likes em coisas fúteis?

Quando tiveres um problema sério na vida, tu vais ter consciência para que servem os teus likes.

Se calhar já se podemos pagar as compras do supermercado com likes e eu ainda não sei.

Será que os likes irão substituir futuramente o sistema capitalista?

Já há a possibilidade de fazer as compras com os descontos em cartão. Será que os likes permitem ter poder de compra?

Voltando ao exemplo da tua amiga da roupa estilosa. Acompanha o raciocínio.

A tua amiga é alta, loura e magra. Tu és alta, loura, magra igual a ela, e pensas: "Boa… estou lá perto".

Errado!

O raciocínio está errado, da mesma forma que estaria se fosses morena, baixa e "gorda".

E porque falei eu na palavra "gorda"?

Porque a palavra "gorda", hoje em dia, corresponde a uns parâmetros que não se entendem.

Provavelmente, ainda estás iludida com o peso marcado na balança. Outra mentira que começa a dar os primeiros passos para verdade. O peso é apenas uma medida corporal, dentro de um conjunto de tantas outras, que são ignoradas. Adquire conhecimento sobre o assunto de forma sábia, e perceberás o que te digo.

Primeiro, compreende o que tu desejas para ti, a nível visual. Depois, passa a ter os outros e as imagens das redes sociais, apenas como referência das características de que gostas. Terceiro, coloca uma fronteira entre ti e o teu desejo de seres o outro. Quando esse desejo aparece em ti, automaticamente surge a frustração com maior intensidade. Porque é impossível tu seres o outro.

A imagem é importante para que te sintas bem contigo própria, mas não para seres refém dela. Contribui para tua autoestima e não para tua insatisfação, porque tu não és só imagem.

O mesmo se aplica ao cabelo.

Não há ninguém que não tenha passado por um drama com o cabelo, pelo menos uma vez na vida.

O cabelo pode mudar completamente a imagem de uma pessoa. Mas ele é só cabelo, que cresce todos os dias, não te define como pessoa.

Queres alterar a tua cor de cabelo de forma inteligente?

Vai pesquisar sobre coloração, cores, técnicas, cabeleireiras, tipos de corte e formatos de rosto. Faz as coisas com sabedoria. Procura pessoas entendidas no assunto. Faz escolhas inteligentes fundamentadas na tua própria opinião sobre o assunto. A opinião própria é algo poderoso. Podes e deves pedir opiniões e dicas com cautela, porque o que funciona com a pessoa A, B ou C, pode não funcionar contigo.

Pede à irmã, à tia, e à prima ou ao cabeleireiro. A maior parte das pessoas sugerem-te o tom 1 de coloração, e tu não tens opinião própria?

Das duas uma, ou vão acertar e vais amar, ou vão errar e vais detestar. E podem não errar na cor. Porque o que tu vês em ti própria, muitas vezes não corresponde à perceção que os outros têm de ti. O que eu quero explicar, com este exemplo, é que tu não fizeste uma escolha consciente, não tiveste opinião própria, e deste margem de manobra para te dececionares com o resultado.

Estavas indecisa?

Ter clareza quanto ao objetivo é importante.

As indecisões e a dúvida são inimigas do sucesso sempre que ficas presa a elas.

A dúvida existe para te conduzir à reflexão e posteriormente à sabedoria.

Por isso é que a fórmula EU + CONHECIMENTO = SUCESSO é uma excelente ferramenta como bússola. Porque da teoria à prática vai uma distância, que pode ser pequena ou grande!

A prática serve para fazer ajustes. Vais pela tentativa e erro.

Com a fórmula cortas caminho, porque elaboras uma estratégia, desde o que "tu tens", até ao que "tu queres", mostrando "onde tens de ir", sem ficares presa a imagens de referência.

Quantas vezes eu pintei o cabelo em casa a achar que ia ficar igual ao da modelo da embalagem?

Realmente fica, nas duas primeiras semanas. E juntando a falta de conhecimento de como tratá-lo, hidratá-lo e mantê-lo brilhante e macio, fica um resultado desastroso!

Eu não sabia porque é que o meu cabelo ficava tão seco. Depois colocava amaciador e ao final da semana ficava oleoso. Eu não sabia o que fazer, porque não tinha pesquisado sobre o assunto de forma consistente.

E quando a tinta cobre os cabelos brancos de um tom e as pontas de outro?

E procurar cabeleireiros baratos? O resultado sai caro.

E a ansiedade de querer ter o cabelo esticado? E o drama da humidade no cabelo durante o inverno?

E assumir o ondulado e ter paz de espírito? Não será a melhor opção?

E o desejo gigante de ter um cabelo comprido?

Todas as mulheres conseguem ter um cabelo comprido, desde que sejam pacientes, não o cortem todos os meses, e o tratem com muita dedicação. Querem alcançar resultados imediatos sem o esforço e o tempo necessários?

Ou o padrão imposto pela sociedade é que origina o desejo de querer ter o cabelo comprido?

Por volta dos 6 anos eu quebrei esse padrão. Normalmente, as meninas querem ter o cabelo comprido. Eu pedi à minha mãe para usar o cabelo curto, com gel, igual ao dos rapazes, e cortei-o. Quase sempre tinha ideias diferentes das dos outros. Nunca segui a regra. Sempre gostei de ser a exceção.

Só aos 33 anos é que encontrei uma cabeleireira que compreende tudo aquilo que eu digo, e não me corta cinco dedos, quando eu peço um. Foi um milagre encontrar um salão com ambiente profissional, onde não entra televisão com programas fúteis, nem conversas desinteressantes sobre a vida dos outros.

O facto de eu ter conhecimento sobre tipos de cabelo e rosto, permite-me saber que o corte que eu quero igual ao da modelo A, nunca irá ficar igual em mim. Por consequência, já não apanho desilusões.

Queres compreender pormenorizadamente a fórmula aplicada à temática dos cabelos?

Queres ter um cabelo bem tratado, liso, brilhante, de cor castanho-chocolate?

Este é o teu sucesso. Agora tu tens de ir ver todas as tuas características físicas, para saber qual o conhecimento necessário a obter. Usar o conhecimento de forma sábia.

Ou seja, SUCESSO – EU = CONHECIMENTO. Porque é que eu troquei a ordem e subtraí?

Simples, para raciocinares por subtração. Riscar o que não interessa, até obteres as escolhas acertadas. Começa a fazer as perguntas certas a ti própria.

És loura ou morena? Cabelo liso ou ondulado? Aqui tens a lista do teu EU, com as tuas características. Tens a pele morena, o cabelo liso, queres que ele continue a ser liso e que o castanho seja em tom de chocolate. Este é o teu SUCESSO.

Então precisas de adquirir CONHECIMENTO.

Vai pesquisar sobre tons e tipos de coloração, formatos de rosto, tipos de corte, hidratações, nutrições, champôs. Este é o segredo que, na verdade, de segredo não tem nada, mas falha porque geralmente as pessoas vão pela via da comparação, e não pela pesquisa objetiva do que precisam. Precisas de ter conhecimento específico, para chegares ao teu sucesso, a partir da tua lista com as tuas características. Não olhes só para as modelos.

Olha para ti primeiro, como ponto de partida.

Se o teu cabelo é liso, e o da modelo é ondulado natural em tom de chocolate, o resultado do mesmo corte nunca ficará igual em ti. Com sorte, ficará parecido.

Precisas de juntar o tom chocolate que desejas ter ao teu formato de rosto, cor de pele, altura e visualizares o resultado final do conjunto.

O mesmo tipo de raciocínio aplica-se ao desejo de ter um corpo perfeito.

Qual corpo perfeito?

Das modelos fitness ou das modelos que desfilam nas passarelas?

Se verificares com atenção, existem milhões de opiniões sobre o corpo perfeito, e por esse motivo a definição de perfeição é um conceito subjetivo. É uma imagem criada na cabeça de cada um de nós, pelo desejo daquilo que gostaríamos de ser. Por esse motivo é que pomos defeitos no nosso corpo.

Se a perfeição corporal existisse verdadeiramente, todos nós teríamos de gostar de um único modelo. E como nós somos seres únicos e gostamos de coisas diferentes uns dos outros, logo, a perfeição corporal não existe na vida real. Ela está na nossa imaginação, que é regada todos os dias pela publicidade e pelas imagens das redes sociais. Eu nunca desejei ser o outro, mas sempre quis ser alta, de estrutura esguia, porque era o que via nas revistas.

Se eu gostava de ter sido modelo?

Adorava. Mas o meu 1,56 m não me permitia tal sonho.

Gostava de ver um desfile de Alta-Costura com mulheres baixas, de índice corporal médio, onde a roupa assenta de forma diferente.

Mas tu não és modelo. És uma mulher comum fora dos tais padrões de beleza. É assim tão mau para ti?

Eu sou baixa, de estrutura larga e sou feliz assim.

Há roupa nas lojas femininas que eu não compreendo se são do tamanho de criança ou se são para pessoas que passam fome.

Felizmente que já começámos a mudar as mentalidades.

Pois até as bonecas para criança já têm várias alturas e formatos de corpo. Não há só a tradicional loura esquelética.

E a maquilhagem deixa a mulher mais bonita?

Pode deixar. Mas o verdadeiro brilho vem do teu interior. O exterior reflete o teu interior. Uma mulher confiante, de atitude, e de bem com a vida, sem maquilhagem, consegue uma beleza especial.

Quase nunca uso maquilhagem, porque prefiro sentir-me livre. Prefiro a simplicidade e a praticidade. Não tenho de me preocupar se sujo a roupa, se está "perfeita", se coloquei o tom certo da base ou se a minha cara parece uma parede de gesso porque eu não entendo nada do assunto.

Já pensaste o que os homens acham da maquilhagem nas mulheres?

Como é que hoje temos a possibilidade de pesquisar e encontrar informação rapidamente, mas não sabemos filtrá-la, continuando a acreditar em imagens, criando realidades que só existem nas nossas cabeças, como a anorexia ou a bulimia?

"Eu tenho de ser igual à fulana A para ser feliz. Eu tenho de ser esquelética igual à modelo B, para que gostem de mim e para que eu seja bonita. Eu tenho de ser igual à namorada da figura pública C que aparece nas redes sociais. Eu preciso de emagrecer 20 kg em 15 dias. Vou beber chá de ervas, porque a pessoa X que eu sigo na rede social apareceu a beber chá e está magra".

Este tipo de mentalidade faz-te realmente feliz?

Então o que importa na vida?

O cabelo cresce, a maquilhagem sai, as roupas ficam velhas, as rugas aparecem com o tempo, o corpo engorda e emagrece, mas a tua essência permanece igual ao longo da vida.

Sê feliz contigo própria e substitui o desejo de ser o outro ou alcançar a perfeição irreal, aceitando-te como és.

Já alguma vez pesquisaste sobre a filosofia de Coco Chanel ou Mary Kay?

CAPÍTULO

Queres mesmo alcançar a perfeição?

Aprende a não julgar os outros. Deixa o julgamento para o tempo. Não julgues, porque amanhã podes ser tu a fazer pior.

Aprende a colocar-te no lugar do outro e trata-o da maneira que gostarias de ser tratado. Por isso costumamos ouvir a expressão "só quem passa por elas é que sabe dar o valor". Porque na maior parte das vezes tu não tens consciência.

Aprende a perdoar. É das lições mais difíceis, mas é o que te permite ter paz interior, na maior parte das vezes.

Quebra o ciclo do negativo. Não dês ouvidos a intrigas, nem fales da vida dos outros. Não fiques a olhar para o outro e a cobiçar o que ele tem. A inveja não leva ninguém a nenhum lado. Só serve para ficar a olhar para a vida do outro, enquanto a tua passa sem dares conta. Não tens de te preocupar se a inveja dos outros te pode atingir. Enquanto estiveres de bem com a tua vida, é das melhores proteções que podes ter.

Dá valor às pequenas coisas e ao que realmente importa. A vida não é só feita de redes sociais ou bens materiais, mas sim de pessoas importantes à tua volta. Valoriza e passa tempo de qualidade com elas. Desvaloriza os obstáculos, não faças "uma tempestade num copo de água", nem sofras por antecipação. A ansiedade não traz os resultados mais rápido.

Tudo leva o seu tempo a concretizar. O sucesso não está à distância de um clique. Está entre o querer e o ter. Tem de ser construído com base numa estrutura sólida, através de uma estratégia. Nessa estratégia inclui a importância do EU, presente da determinação, positividade, objetividade, perseverança, persistência, coragem, assentes em valores éticos e morais. Direciona-te para a cooperação e compaixão, porque complacência e a humildade são só para alguns. Precisas de ter muita elasticidade emocional e mental.

Aprende a dominar as emoções negativas e não deixes pairar uma nuvem negra por cima da tua cabeça. Rouba-te a clareza mental. Sê positivo e tem fé em ti próprio, na vida, no Universo, em Deus ou no que tu acreditares. Não deixes que o exterior afete o teu interior, pelas opiniões dos outros sobre ti, em comentários maldosos. Segue a tua intuição quando ela falar contigo.

Procura conhecimento útil nas áreas que são importantes para alcançares o teu sucesso, sem nunca perderes o foco, até lá chegares. Pesquisa pessoas que já fizeram o percurso que precisas de fazer. Faz ajustes na tua estratégia sempre que precisares, porque a vida não é linear, e há coisas que tu não podes controlar. Vais apanhar muitos obstáculos, mas tudo tem sempre uma solução.

Valoriza as pequenas conquistas, porque as vitórias diárias, durante o percurso, já são o teu sucesso. O que conta é o presente, pois no futuro só está o teu SUCESSO imaginário, como referência. Cada dia, é um dia diferente e nunca repetitivo.

Tu és livre para fazer as escolhas que quiseres na vida, na mesma proporção que terás de ser responsável pelas consequências dos teus atos. É o valor da responsabilidade. A sabedoria está nas escolhas certas. Tem atenção aos vícios. Toda a gente experimenta o novo e as falsas felicidades temporárias. Ao início são divertidas, mas com o tempo podem ser um problema na tua vida. Atenção aos falsos amigos. Há gente que é perita em distorcer a verdade dos factos. Mas, com o tempo, toda a mentira acaba por ser descoberta, e toda a mascara acaba por cair. Basta passares por dificuldades para veres quem ficou contigo. Ou quem te ajuda sem pedir nada em troca.

O respeito é a base de quase tudo. Encontra os teus limites. Sê correto, mas não deixes que abusem da tua boa vontade, e aprende a dizer o "não". Valoriza-te e sê grato pelo que tens.

A tecnologia é para ser usada a teu favor e não para "arrefecer" as relações humanas. Porque a base das relações está no diálogo, não no teclado. A moda de namorar pelo telemóvel tem uma probabilidade elevada de provocar mal-entendidos. Ler e escrever abre a possibilidade de muitas interpretações, mas ouvir não. Por esse motivo é que o mesmo livro é interpretado de forma diferente, por cada pessoa diferente que o lê.

Quando um dia todos nós formos "máquinas em corpos de humanos" e permitirmos que prevaleça o oportunismo, o poder do dinheiro, os interesses, o individualismo, o egoísmo, e que este tipo de critérios sejam a referência de conduta de uma geração, nem mesmo a consciência mundial terá a capacidade de transformá-la.

Será que és capaz de alcançar esta perfeição?

Será que a perfeição está na pessoa que sabe valorizar a vida?

Sabe que é um curto período de tempo. Que a sua atitude e postura são importantes diante das situações. Sabe o que quer, aprendeu que otimismo, a alegria e a perseverança são excelentes ferramentas para ultrapassar os obstáculos. Tem consciência de que irá encontrar todo o tipo de pessoas e situações pela vida. Que precisa de adquirir conhecimento, para elaborar uma estratégia que o direcione. Por esse motivo, está tão ocupado, que nem tem tempo para olhar para a vida do outro. Sabe que tudo tem o seu tempo para ser conquistado. Aprende com os erros e não olha para trás, porque para a frente é o caminho. Sabe que a imagem, por si só, não o define como pessoa, mas sim os princípios, valores, ética, educação e personalidade. Não se deixa levar facilmente pelas opiniões dos outros. Aprendeu a pensar por ele próprio.

Sabe escolher os amigos, impor limites e a não conta tudo da sua vida. Sabe apreciar a sua própria companhia. Não espera nada dos outros, nem cria expetativas. Aprendeu que para receber tem de saber dar. A pessoa que ama em primeiro lugar é ele próprio. Nunca perde a fé, porque ser realista demais, neste mundo, é o início da viagem ao fundo do poço. Tem amplitude visual e nunca deixa de aprender.

Sabe que o medo paralisa, mas que pode superá-lo.

Não se compara com os outros, porque sabe que é um ser único e individual.

Sabe que os relacionamentos são um complemento. Uma junção entre o EU e o OUTRO. Sabe com clareza que é preciso um enorme esforço para conviver com o outro, diferente dele. Que não há fórmulas milagrosas e que todos os dias são um desafio constante. Podes colocar o OUTRO na fórmula e adaptá-la. EU + OUTRO + CONHECIMENTO = SUCESSO.

Sabe que não vale a pena pisar e desrespeitar os outros, apesar de a sociedade implantar dificuldades, obrigando cada um a ser por si. Nascemos e morremos todos da mesma maneira.

Não sei se isto é a perfeição. Só sei que gostava de ter lido este livro aos vinte anos. É por esse motivo que eu estou a escrever para ti.

Porque aos 20 anos tens energia, mas falta-te sabedoria, maturidade e consciência que só adquires com experiência de vida. E, para que as experiências negativas não apaguem a tua garra depois dos 30, tu precisas de ser o mais positivo possível. Porque quando chegas aos 30, é que tens consciência que podias ter feito escolhas de forma diferente. É quando tens consciência que passaram 10 anos rapidamente, que perdeste a juventude com coisas desnecessárias e que não seguiste os teus sonhos. Nem sempre é assim. Mas, normalmente, quando olhamos para trás, gostaríamos de ter aproveitado mais. Pode ser a fase em que te sentes desorientado, sem saber bem o que fazer. Talvez tenhas idealizado uma vida que não conseguiste alcançar. Sempre que o tempo passa, a sabedoria aumenta com a experiência de vida, e a vitalidade vai diminuindo. É quando surge a frase "se eu soubesse o que sei hoje".

Quando chegas aos 80, tens uma bagagem enorme de conhecimento e sabedoria, plena consciência do que importa na vida e quais as coisas onde deves perder tempo. É quando percebes que não podes voltar atrás. És desprezado, porque ninguém sabe que o teu conhecimento é útil na vida dos outros ou estás a colher aquilo que plantaste na vida.

Esta era a mensagem que estava escrita no tal pequeno quadro lá de casa, que eu lia, quando era criança mas não entendia o seu significado.

A fórmula permite que elimines tudo o que não interessa e que te foques numa direção, seja em que área da vida for.

Quantas vezes eu me senti desorientada acerca do comportamento que deveria ter em sociedade?

Para quê ser boa pessoa? Para ser pisada pelos espertos? Será que deveria tornar-me esperta, para alcançar melhores notas? Será que deveria continuar a ser frontal? Será que era melhor ter um sorriso amarelo? Eu não sabia o que fazer.

Para que não percas tempo com dúvidas desnecessárias como eu perdi e se queres que a sorte te bata à porta, fortalece o teu EU.

Tenta ser o mais correto possível para teres paz contigo próprio. O que tu desejas, no teu íntimo, é o primeiro ponto e o principal. Porque no teu íntimo é que está a verdadeira intenção. Quando ofereces uma prenda, por mais pequena que seja, "o que conta é a intenção". E a verdadeira intenção é que faz de íman e atraí pessoas e situações para a tua vida. Carregas o positivo e atrais o positivo. Se carregas o negativo irás atrair o negativo. A física quântica dá explicação científica para este fenómeno.

Até a alimentação influencia. Se estás empanturrado de comida plástica, não podes sentir-te bem-disposto. Uma alimentação equilibrada traz bem-estar físico, que por consequência traz bem-estar psicológico.

Atenção à hipocrisia que aparece disfarçada de bondade e felicidade externa. As aparências enganam. Quantas pessoas parecem tão simpáticas, prestáveis, amorosas, mas lá no íntimo estão desejosas de te verem a cair? Deixa, porque antes de te enganarem a ti estão a enganar-se a elas próprias e o retorno acabará por vir. Vais encontrar todo o tipo de pessoas pela vida. Há gente perita em manipular. Por isso, atenção às más companhias. Sê prudente nas coisas. Não esperes muito dos outros, nem cries expetativas elevadas. Mais vale não esperar nada e ser surpreendido, do que esperar muito e levar um balde de água fria.

Depois, segue o conjunto de pensamentos que vai nessa cabeça. É o resultado de tudo o que falas, ouves, lês, pesquisas, vês e vivências. Tens liberdade para fazeres o que quiseres, mas escolhe teres autoridade sobre a tua própria mente. Ela pode levar-te tanto ao sucesso como à ruína, caso não saibas administrá-la corretamente. Aconselho-te a procurar informação sobre o tema. A cobiça não é bem-vinda. Há pessoas que se privam de muita coisa ao longo da vida, só com o objetivo de ganhar dinheiro. Depois morrem e não desfrutaram de nada. A ganância acaba por cegar-te e não te deixa ver as coisas importantes a acontecerem à tua volta. O dinheiro é só um veículo. É um meio que te permite chegar ao que tu precisas, mas não é o que tu precisas.

Queres ir ao cinema com os teus amigos?

O dinheiro permite alcançar esse objetivo, mas o mais importante é o momento que passas com os amigos e as emoções que ficam registadas no teu "EU". Não foi o dinheiro que comprou a amizade e os sentimentos que ficaram gravados na tua memória. O dinheiro foi só um instrumento para que fosse possível que aquela memória ficasse registada.

Também tens a ganância disfarçada de pobreza, em pessoas "chorinhas" que dizem estar mal financeiramente, quando na verdade não estão, nem têm consciência do que estão a dizer. Mais valia estarem caladas.

Tem atenção ao que falas. Não confies os teus pensamentos a ninguém. Guarda tudo para ti. Se tens um projeto ou uma ideia, trabalha inicialmente e não espalhes aos quatro cantos do mundo, porque o resultado não será o melhor. Só quando estiver pronta ou num nível estável, é que a deves dar a conhecer, porque não vão faltar abutres à tua volta.

Falar dos outros é perda de tempo. E tudo o que pedes com alguma intenção, acaba por acontecer. Quer acredites ou não na lei do retorno, ela existe. Por consequência, tem atenção ao exibicionismo. Há uma fronteira pequena entre a vaidade e o ridículo. A arrogância tem um péssimo resultado e pode ser confundida com a posição ou opinião sobre as situações, caso tenhas uma personalidade forte.

O melhor caminho é o da sabedoria e do bom senso, que nos dias de hoje está escasso. Pois o bom senso requer discernimento, sensatez e entendimento. Precisa de análise, reflexão e conclusão. E isso dá muito trabalho que ninguém quer ter, porque acha que tudo tem solução através de um clique. O sucesso dá trabalho e requer tempo investido e opinião própria. Tu é que escolhes se queres comprometer-te contigo próprio ou não. Porque quando tu vês o sucesso dos outros, nunca vês o caminho "transparente" que foi feito para lá chegar. É preciso fazer escolhas, opções e sacrifícios, porque não há maneira de ter tudo.

Se queres ter sucesso na tua vida, agarra na fórmula e adapta-a ao teu EU. Acredita e tem fé. Procura sempre ser a melhor versão de ti. Evoluir é fundamental.

Rodeia-te de pessoas que falem a mesma "língua" que tu e que partilhem interesses comuns. Nada pior que estares rodeado de gente que só critica sem fundamento, só porque "sim".

Por favor não te distraias nem percas tempo com futilidades. Concentra-te em construíres uma estratégia para alcançares os teus objetivos, de forma a teres uma direção e não andares ao sabor do vento. Há excelentes vídeos, dos quais podes retirar informação, a partir do conhecimento e da experiência de vida dos outros. Inspira-te em pessoas determinadas, perseverantes, corajosas, humildes, corretas e que façam a diferença. Essas são úteis na tua vida.

Não te deixes abalar pelas injustiças, porque a melhor parte está para vir. Sê paciente e não queiras tudo para amanhã.

Não fiques revoltado com as injustiças. Eu ficava muito revoltada. Tive muitas situações ao longo da vida. Nunca suportei pessoas arrogantes ou com a mania que são mais do que os outros, só porque têm uns trocos no bolso ou um cargo profissional mais elevado. Também sou Mestre nesses cenários.

Acredita que todas as pessoas que eu vi lá em cima, passados uns anos bem largos, vieram parar cá abaixo. Tive oportunidade de ver o julgamento do tempo.

Será que consegues estar na vida desta forma, tendo em conta que a realidade à tua volta te obriga a ir pelo caminho mais fácil?

A postura, a atitude e a maneira de estar na vida fazem toda a diferença.

Isto é que é a perfeição difícil de alcançar?

Concentra-te na tua vida, no teu percurso, coloca o teu tempo em coisas úteis ao conhecimento, para que alcances o teu sucesso.

CAPÍTULO

Está na hora de evoluirmos "humanamente"

Um dia a minha filha perguntou-me porque é que as pessoas enve-lheciam. "Podemos viver até que idade?"

Eu não sabia responder-lhe. Nem a ciência sabe explicar porque é que as células deixam de regenerar, como é que eu ia responder a tal pergunta?

Decidi procurar conhecimento no livro de Génesis. Apesar da sua linguagem simbólica e complexa, decidi ler com imparcialidade religiosa e respeito. Fiquei surpreendida, porque descreve o comportamento humano nos dias de hoje, em várias situações. Por ser tão interessante, e despertar em mim tantas perguntas, com respostas dadas, decidi partilhá-las, numa leitura rápida e simples.

"Quando o Senhor Deus fez a Terra e os céus, (...) formou o homem do pó da terra e insuflou-lhe pelas narinas o sopro da vida, e o homem transformou-se no ser vivo. Depois, o senhor Deus plantou um jardim no Éden, ao oriente, e nele colocou o homem que tinha formado. A árvore da vida estava no meio do jardim, assim como a árvore do conhecimento do bem e do mal. Um rio nascia no Éden para regar o jardim, dividindo-se, a seguir, em quatro braços. O Senhor Deus deu esta ordem ao homem:

«Podes comer do fruto de todas as árvores do jardim, mas não comas o da árvore do conhecimento do bem e do mal porque no dia em que o comeres, certamente morrerás.»

(...)

Ambos estavam nus mas não sentiam vergonha. A serpente era o animal mais astuto de todos os animais selvagens que o Senhor Deus fizera; e disse à mulher: «É verdade ter-vos Deus proibido comer do fruto de alguma árvore do jardim?»

A mulher respondeu-lhe: «Podemos comer do fruto das árvores do jardim; mas quanto ao fruto da árvore que está no meio do jardim, Deus disse: 'Nunca o deveis comer, nem sequer tocar nele, pois, se o fizerdes, morrereis."

A serpente retorquiu à mulher: 'Não, não morrereis; porque Deus sabe que, no dia em que o comerdes, abrir-se-ão os vossos olhos e sereis como Deus, ficarás a conhecer o bem e o mal'.»

Vendo a mulher que o fruto da árvore deveria de ser bom para comer, pois era de atraente aspeto e precioso para esclarecer a inteligência, agarrou do fruto, comeu, deu dele ao seu marido, que estava junto dela, e ele também comeu.

Então abriram-se os olhos aos dois e, reconhecendo que estavam nus, prenderam folhas de figueira umas às outras e colocaram-nas como se fosse cinturões à volta dos rins.

(...)

Nessa altura, aperceberam-se do que o Senhor Deus percorria o jardim pela frescura do entardecer, e o homem e a sua mulher logo se esconderam do Senhor Deus, por entre o arvoredo do jardim. Mas o Senhor Deus chamou o homem e disse-lhe: «Onde estás?» Ele respondeu: «Ouvi o ruído dos Teus passos no jardim, e, cheio de medo, porque estou nu, escondi-me.»

O Senhor Deus perguntou: «Quem te disse que estás nu? Comeste, porventura, algum dos frutos da árvore da qual te proibi comer?»

O homem respondeu: «A mulher, que trouxeste para junto de mim, ofereceu-me o fruto e eu comi-o».

O Senhor Deus perguntou à mulher: «Porque fizeste isso?» a mulher respondeu: «A serpente enganou-me e eu comi».

Vejo este diálogo acontecer em muitas situações do dia-a-dia.

Será que a mulher tinha consciência da escolha que fez?

Provavelmente, a mesma consciência que uma pessoa tem quando fuma vinte cigarros por dia, mesmo estando as imagens dos malefícios no maço do tabaco.

Ou a mesma consciência que tem numa vida sedentária, quando deveria consumir uma alimentação variada e praticar exercício físico.

Ou a mesma consciência quando fala ao telemóvel ou manda mensagens enquanto conduz. Põe a sua vida em risco e a dos outros. Ou quando coloca a sua vida pessoal nas redes sociais, mas depois não quer que os outros falem dela. Será que tem consciência que há pessoas que usam as redes sociais como ferramenta da sua vida profissional ou outras que só perdem tempo nelas?

E, neste momento, eu gostei de imaginar a mulher a perguntar à serpente:

"Se o fruto é assim tão bom porque não o comes TU?

Come-o TU serpente, já que o fruto é bom, assim abres TU os teus olhos e passas TU a ser Deus e ficas TU a conhecer o que é o bem e o mal". Porque é que tenho de ser EU a comer e não TU?

Tinha sido uma excelente pergunta, se a mulher tivesse tido sabedoria suficiente para a fazer. Porque a maldade nada pode contra a sabedoria.

Será que aqui foi a primeira técnica de lavagem cerebral?

Ela não sabia "parar e pensar". Nem tinha conhecimento necessário para fazer isso.

A expressão da "banha da cobra" só teve origem no final do século XIX, mas enquadra-se perfeitamente na cantiga da cobra ignorante.

E como é que eu vejo isto acontecer todos os dias?

Em várias situações.

Pelas expressões de que "o mundo é dos espertos" ou que "meio mundo anda a enganar a outra metade" através da falta de conhecimento.

E a opinião alheia dos outros?

Toda a gente dá opinião sobre como é que tu tens de viver a tua vida. Faz assim, faz assado, o melhor é isto, o melhor é aquilo. É impressionante, como nós às vezes damos ouvidos a quem não devemos de dar, em vez de estarmos sossegados na nossa vida, e darmos ouvidos ao nosso EU interior. Por isso é que é importante meditar, orar ou falar em silêncio contigo próprio.

Gostei da calma do Senhor Deus, a perguntar ao homem como é que ele tinha consciência de que estava nu e porque é que tinha comido o fruto.

«A mulher, que trouxeste para junto de mim, ofereceu-me o fruto e eu comi-o».

Outro episódio recorrente no dia-a-dia. Incutir a responsabilidade no outro.

Quantas pessoas não estão carregadas de problemas na vida e colocam a culpa nos outros?

É a crise, é o governo, é o vizinho de cima, é a sogra, é o fulano da rua de trás que tem mais do que ele. É por tudo e por nada, mas nunca é da sua responsabilidade.

É ou não é assim?

E, o mais engraçado, é que a ordem para não comer o fruto foi dada primeiro ao homem e depois transmitida à mulher. Mas ele preferiu justificar a escolha dele com a escolha dela, desresponsabilizando-se sob o argumento de que fora influenciado por ela.

É precisamente o que acontece nos dias de hoje.

E ter responsabilidade sobre as suas próprias escolhas e atos?

Mas ele não sabe escolher por ele próprio?

Nós escolhemos em função dos outros e não em função de nós próprios. Eu tenho de comprar aquele carro novo, porque o meu vizinho de cima tem um parecido e eu tenho de ter melhor. Eu vou comprar aqueles ténis da marca X, porque o meu colega de turma, a quem eu nem falo, tem uns iguais e toda a gente acha o máximo. Eu vou pintar o cabelo de louro porque as minhas amigas acham que me fica bem.

É ou não é assim?

E melhor parte?

«O Senhor Deus disse: "Não é conveniente que o homem esteja só; vou fazer-lhe uma ajudadora como complemento".

Então, o Senhor Deus adormeceu profundamente o homem; e, enquanto ele dormia, tirou-lhe uma das suas costelas, cujo lugar preencheu de carne. Da costela que retirara ao homem, o Senhor Deus fez a mulher e conduziu-a até ao homem.

Ao vê-la, o homem exclamou: "Esta é realmente osso dos meus ossos e carne da minha carne." Chamar-se-á mulher, visto ter sido tirada ao homem.»

Nunca estamos satisfeitos com nada, somos mal-agradecidos e não sabemos valorizar as coisas boas.

Ao início, o homem ficou feliz por ter companhia, mas depois foi um mal-agradecido pela dádiva e ainda pôs defeitos na mulher, porque ela é que foi a causadora da má escolha dele.

É impressionante como o Homem nunca está contente com aquilo que tem.

Não é assim?

Eu quero ter um carro. Quando o compra, é espetacular. Passados quatro meses, o carro já não é assim tão bom. Já está a pensar que para o ano tem de ter um melhor. Depois pensa que tem de ir de férias. Mas tem de ser num sítio paradisíaco e não pode ser nada simples. Depois começa a ver que o vizinho do lado é que tem a vida que ele quer. Está sempre tudo mal. Tem de ter um telemóvel de última geração, porque o não-sei-quantos tem um. Nunca está contente com nada e passa o tempo todo a reclamar, sem ter consciência da sorte que tem. Agradecer por aquilo que tem, nem se lembra. Para quê?

A gratidão é um estado de consciência.

De seguida, o Senhor Deus perguntou à mulher: «Porque fizeste isso?»

Porque é que ela foi comer o fruto? Queria assim tanto ter o conhecimento do bem e do mal?

Parece que não, porque ela respondeu «A serpente enganou-me e eu comi».

Outro retrato dos nossos dias.

O ciclo vicioso da culpa, da dúvida, da maldade, da astúcia, da intriga, da mentira, da manipulação e da influência que isso tem sobre nós ou na nossa vida.

Achas ou tens a certeza da tua escolha?

Sabes ou não sabes o que tu queres?

Acordas um belo dia, animada, feliz e de bem com a vida.

Por acaso recebes um telefonema de uma conhecida, que diz que viu o teu marido no carro com outra. Ela nem sabe bem se era o teu marido, mas parecia ser. O que é que acontece? Tu vais dar ouvidos à conhecida e o teu dia fica logo estragado. O teu humor vai ficar péssimo e vais remoer no assunto o dia inteiro. O marido vai chegar a casa, vão discutir sem provas de nada, devido ao boato da amiga. E, no final de contas, nem era o teu marido e sim a maldade da tua amiga desocupada que não tem o que fazer, e que na verdade não suporta a tua felicidade.

Por isso é que se costuma dizer, "sua cobra, espero que mordas a língua e morras no teu próprio veneno". Faz referência às pessoas maliciosas que não têm o que fazer.

A cobra no jardim do Éden era uma desocupada que não tinha o que fazer. Estás a ver aqueles espertos que mandam barro à parede para ver quando é que cola?

Agora imagina o poder que as redes sociais têm para desenvolver "dúvidas" sobre a vida dos outros ou distorcer a verdade.

Há muitas pessoas a dar palpites de tudo e mais alguma coisa. Na verdade é só dicas que não solucionam nada, sem lógica nem fundamento.

É impressionante como algumas pessoas não sabem ouvir corretamente. Ouviram A, mas entendem B. Apanham o essencial do que veem, sem o contexto geral da situação.

E quando a verdade é distorcida em benefício próprio?

"A serpente retorquiu à mulher: 'Não, não morrereis; porque Deus sabe que, no dia em que o comerdes, abrir-se-ão os vossos olhos e sereis como Deus, ficarás a conhecer o bem e o mal'."

Mentiu.

O Senhor Deus deu esta ordem ao homem: «Podes comer do fruto de todas as árvores do jardim, mas não comas o da árvore do conhecimento do bem e do mal porque no dia em que o comeres, certamente morrerás.»

A melhor parte é que a verdade vem sempre com o tempo.

O Senhor Deus tinha razão, "certamente morrerás". Ele é que tem o conhecimento.

Olha à tua volta.

O ser humano tem a capacidade absoluta de saber o que é o bem e o que é o mal? E de fazer a melhor escolha?

Caos, guerras, ganância, desejo de poder, ódio por toda a parte. Tem necessidade de subir na hierarquia e de pisar os outros para chegar onde quer, com vaidade em mostrar o que tem.

O homem nasce com a capacidade de amar, de ser generoso, complacente, solidário, bondoso, mas prefere ir pelo lado do mal.

O homem tem a capacidade de evoluir "humanamente"?

Continua a fazer os mesmos erros em ciclo vicioso. Não sabe transformar o mal em bem. Não sabe gerir as emoções e, cada vez mais, a tristeza coletiva reina na sociedade.

Procura incansavelmente o amor, mas não o encontra. Quer a todo o custo a felicidade, mas não sabe onde a encontrar. Ainda acredita em ideais de perfeição. Não entende a beleza de ser único e prefere comparar-se constantemente com o outro. Prefere a competição à parceria. Prefere o poder da destruição. É ganancioso. Continua a achar que "pagar na mesma moeda" é que é bom, porque o outro assim "vê se gosta". Não, o outro não vai aprender nada, vai sentir o mesmo sentimento negativo, e futuramente fará o mesmo a outra pessoa. O que ele aprende é que mais vale prejudicar o outro, do que ser ele prejudicado. Do preconceito nem se fala. O ciclo vicioso do mau comportamento é difícil de ser rompido, pois à tua volta não te incentivam a fazê-lo. É só revistas e jornais com títulos de violência. As novelas apresentam temas sobre a vingança, o ódio, inveja ou intrigas. Não sei se é o retrato da realidade, mas eu não vejo exemplo positivo das novelas na vida das pessoas. Os programas familiares só servem para entreter as pessoas, enquanto do outro lado do mundo há pessoas a morrer à fome e outras a morrer porque estamos em guerra. Crianças em trabalho escravo ou meninas obrigadas a casar em idade de brincar. Pessoas torturadas e mortas por questões religiosas.

E a maior parte das pessoas ou está muito entretida, ou não tem consciência da realidade mundial. Os telejornais mostram o mundo em guerra, mas não vejo soluções nenhumas para acabar com ela. Há notícias que são dadas vezes sem conta para espalhar o pânico. Muitas vezes nem interessa a verdade dos factos, o que interessa é vender. Ou ficamos a semana toda a ver um aparato enorme à conta do sofrimento e da desgraça alheia. Exemplos de superação nunca vejo em televisão. Programas que promovem a futilidade como os *Reality Shows*, são a base da educação dos adolescentes de hoje em dia.

Os concorrentes são uma espécie de laranjas para espremer. Quando não derem mais sumo são substituídas, acabando no esquecimento. Por isso é que a fama é temporária.

Poucos são os programas culturais que ensinam alguma coisa de útil à vida. E, na maior parte das vezes, as pessoas nem sequer têm interesse.

Com a sociedade assim, como é que podemos ter pessoas felizes?

Sem consciência coletiva, nada mudará. Tu tens consciência de como o mundo está? Tens consciência das coisas à tua volta?

Tens consciência de que és facilmente manipulado?

Lembras-te da resposta da mulher? «A serpente enganou-me e eu comi».

E a resposta do homem? «A mulher, que trouxeste para junto de mim, ofereceu-me o fruto e eu comi-o».

E eram só dois humanos, no início!

Agora imagina todos nós na sociedade, atualmente.

O planeta Terra cheio de gente que não se entende.

Como é que se põe ordem no caos de forma inteligente, sábia, justa, digna e humana?

Não interessa se a tua religião é a A, a B, a C ou a D, se não tens nenhuma.

Não interessa se tu acreditas na Teoria da Evolução das Espécies ou no Livro de Génesis. Não interessa quem tem razão.

Já pesquisaste quantos livros sagrados e religiões existem?

Há várias literaturas religiosas. Os "Analectos de Confúcio", a "Codificação Espírita", o "Alcorão", a "Bíblia", os "Vedas", o "Guru Granth Sahib", o "Tanakh". Tens o Hinduísmo, o Taoísmo, o Budismo, o Judaísmo, o Cristianismo, o Islamismo, entre outras.

A subjetividade tem de ser respeitada

O vizinho de cima é da religião A? Deixa ser. O primo da amiga é da religião B? Deixa ser.

O que é que isso interessa para a tua vida?

Mesmo quando tens pessoas à tua volta que não querem mudar nada, deixa-as na vida delas. Isso é uma escolha delas e não tua.

Tens consciência do comportamento do ser humano?

«Podes comer do fruto de todas as árvores do jardim, mas não comas o da árvore do conhecimento do bem e do mal porque no dia em que o comeres, certamente morrerás.»

Certamente o ser humano morrerá e a espécie humana irá desaparecer.

Armas químicas? Nucleares? Bombas? Guerras? Violência que nunca mais acaba? Violência contra mulheres, crianças e animais? Isto é que é normal?

O homem implantou a destruição na Terra com a Primeira e a Segunda Guerra Mundial.

Será que há uma consciência coletiva mundial? O homem ainda não evoluiu e está com vontade de vivenciar uma Terceira Guerra Mundial?

Vai parar quando?

Quando um meteorito cair na Terra e já não houver mais nada destruir? Ou quando a ganância e a sede de poder forem tão grandes que façam desaparecer a água do planeta?

Será que a vontade de descobrir vidas noutros planetas é para poder ir para lá, quando não houver mais nada para destruir na Terra?

Será que o Homem iria aprender alguma coisa com vida extraterrestre ou a primeira coisa que faria era "dominar território", como é habitual?

A que conclusão é que tu chegaste?

A mulher tinha ou não consciência da escolha que fez?

Pena que ela não foi "enganada" a escolher o fruto da árvore da vida. Porque eu gostaria de saber o que teria acontecido.

"O Senhor Deus disse: «Aqui está o homem, que pelo conhecimento do bem e do mal, se tornou como um de nós. Agora é preciso que ele não estenda a mão para se apoderar também da árvore da vida, comendo do qual, viva eternamente.»

O Senhor Deus expulsou-o do jardim do Éden a fim de cultivar a terra da qual fora tirado. Depois de ter expulsado o homem, colocou, a oriente do jardim do Éden, querubins armados de espada flamejante para guardar o caminho da árvore da vida."

É curioso o assunto da árvore da vida.

O Homem ou não tem consciência plena da simplicidade da vida ou vive a vida como se não houvesse amanhã. Outras vezes é chato e preocupa-se demais com coisas insignificantes. Ter gratidão pela vida não consta no seu vocabulário.

E a questão da juventude eterna?

Já viste o que vende? Anúncios de cosmética em peles jovens. Jovens em desfiles de moda. A perfeição da beleza jovem em contraste com a conotação negativa das rugas, que são as marcas da vida.

Interessante.

Porém, a pergunta inicial "Podemos viver até que idade?" não tinha sido respondida, segundo a minha interpretação da leitura.

Eu interpretei que o homem, ao comer do fruto da árvore do conhecimento do bem e do mal, "certamente morreria", como espécie humana. Continuei a leitura pelo livro da Sabedoria, onde consta que "por inveja do demónio é que a morte entrou no mundo".

A questão da morte aflige o ser humano desde sempre. O envelhecimento é um tema complexo. Já pensaste que poderíamos aprender bastante com a experiência de vida dos mais velhos? Há pessoas com histórias de vida muito interessantes. Mas, na juventude, desprezamos os mais velhos. Só não te esqueças que estás a caminhar para lá. Por isso, mais cedo ou mais tarde, vais aprender a lição de te colocares no lugar do outro.

Então continuei a ler o livro de Génesis e verifiquei algo muito curioso a nível emocional. Provavelmente a solução mais simples para a maior parte dos nossos problemas.

"Adão conheceu Eva, sua mulher. Ela concebeu e deu à luz Caim, e disse: «Gerei um homem com o auxílio do Senhor». A seguir, deu também à luz Abel, irmão de Caim.

Abel era pastor e Caim lavrador.

Ao fim de algum tempo, Caim apresentou ao Senhor uma oferta de frutos da terra. Por seu lado, Abel ofereceu primogénitos do seu rebanho e as gorduras deles. O Senhor olhou favorosamente para Abel e para a sua oferta, mas não olhou para Caim nem para a sua oferta. Caim ficou irritado e o rosto transformou-se-lhe.

O Senhor disse a Caim: «Porque estás zangado e o teu rosto abatido?

Se procederes o bem, certamente voltarás a erguer o rosto, se procederes o mal, o pecado deitar-se-á à tua porta e andará a espreitar-te. Cuidado, pois ele tem muita inclinação para ti, mas deves dominá-lo."

Não podia ter lido melhor explicação de como "evoluir humanamente".

Dominar as emoções negativas. Que dica preciosa! Somos nós que temos de ter autoridade sobre o nosso lado emocional e racional.

Quantas vezes saíste de casa feliz e de repente apanhas um esperto no trânsito que passa à tua frente, ainda te buzina, manda-te para o melhor sítio do mundo, e tu ficas logo irritado?

Tão irritado que ficas logo com o dia estragado. Ficaste irritado por culpa do esperto ou porque tu permitiste que ele te irritasse assim tanto?

Mais um exemplo?

Chegas à hora de almoço. A tua manhã foi produtiva. Sentiste que foste profissional e competente. Chegas ao WC e apanhas as tuas colegas na "quadrilhice" a falar mal de ti, e de como tu és uma má profissional. Como é que automaticamente te sentes? Chateada o resto do dia. A fúria toma conta de ti, e tu, de tão chateada, terás três possíveis atitudes.

Vais comentar com outras colegas e espalhar o ciclo vicioso da "quadrilhice".

Ou finges que não foi nada, ficas com um nó na garganta e não almoças nada. Se te perguntarem pela tua má cara, ainda mentes e dizes que estás maldisposta.

Ou então, quando chegares a casa, estás tão chateada que vais explodir e descarregar em cima do teu marido, ou namorado ou filhos, porque não tiveste a coragem de confrontar as tuas colegas na hora da "quadrilhice" com medo de haver confusão no trabalho e seres despedida.

É ou não é assim?

Nunca ninguém escolhe a melhor opção.

Aquela que tem a capacidade de transformar um sentimento negativo num sentimento positivo.

E porquê?

Porque não sabes como o fazer. Nunca ninguém te ensinou a gerir as emoções. Isso não se aprende nas escolas.

Aliás, tu até vives numa sociedade que despreza o lado emocional das pessoas e ainda acha que chorar é uma fraqueza do ser humano.

Olha a tamanha falta de conhecimento sobre o assunto.

O lado emocional é o que te permite ter consciência da tua essência e teres consciência de quem tu és. É o que te permite melhorar como pessoa. É o que te permite transformar. Há que estabelecer uma sintonia entre emoção e razão.

Duas situações particulares que mais me chamaram a atenção.

«Nessa altura, aperceberam-se de que o Senhor Deus percorria o jardim pela frescura do entardecer, e o homem e a sua mulher logo se esconderam do Senhor Deus, por entre o arvoredo do jardim. Mas o Senhor Deus chamou o homem e disse-lhe: «Onde estás?»

Ele respondeu: «Ouvi o ruido dos Teus passos no jardim, e, cheio de medo, porque estou nu, escondi-me.»

O Senhor Deus aparece na frescura do entardecer. Apareceu através da emoção, do sentimento.

«A serpente retorquiu à mulher: 'Não, não morrereis; porque Deus sabe que, no dia em que o comerdes, abrir-se-ão os vossos olhos e sereis como Deus, ficarás a conhecer o bem e o mal'.»

A serpente preferiu manipular a verdade e aparecer pelo lado racional.

Será que a maldade entra pela lado racional, porque não sabemos gerir as emoções? E que o bem aparece pelo emocional?

É muito interessante como amor "toca no coração" do ser humano e tem a capacidade incrível de o transformar.

Olha o exemplo da mulher quando nasce um filho.

Algo acontece de extraordinário.

Vi isso em mim. Estava um dia ventoso e do ginásio até ao carro passava um vento suficientemente frio para provocar uma futura constipação. Tirei o meu casaco e vesti-o à minha filha.

O que nos move a colocar o bem-estar do outro acima do nosso? Será que é a vida a ensinar o Homem a colocar-se no lugar do outro? Será que essa é a principal lição do Homem aqui na Terra?

Olha o que nos acontece quando nos apaixonamos.

Algo acontece dentro de nós, com uma energia boa. Eu sei que há explicação científica. Mas olha a forma como ficamos bem-dispostos, sorridentes e com um brilho nos olhos. Pode acontecer uma chatice qualquer no trânsito, ou alguma situação desagradável, mas como tu estás tão bem contigo e com a vida, aquela situação negativa, torna-se insignificante.

E quando amamos e somos amados?

E quando acontece um ato de generosidade?

E quando partilhas o teu gelado com alguém?

E quando alguém te deixa passar à frente na fila das compras e te facilita a vida?

Porque é que fazes o bem ao outro sem receber nada em troca?

Julgo que a maldade, por sua vez, entra pela cabeça do ser humano.

Porque é que as crianças são inocentes e não veem a maldade que os adultos veem?

Em coisas que na maior parte das vezes não têm mal nenhum, mas nós automaticamente levamos para a maldade. Porquê?

Porque a criança não tem consciência e nós adultos temos?

Então o "pecado" é quando o ser humano comete o mal com consciência?

Na prática, o Homem está interligado pelo pensamento, sentimento e emoção. Os pensamentos positivos são muito bem-vindos.

E onde é que entra a consciência nesta narrativa?

No castigo que Eva e Adão receberam pelas suas escolhas.

«Aumentarei os sofrimentos da tua gravidez, os teus filhos hão-de nascer entre dores. Procurarás com paixão a quem serás sujeita, o teu marido.(...) Porque ouviste as palavras da tua mulher e comeste do fruto da árvore (...) dela só arrancarás alimento à custa de penoso trabalho, em todos os dias da tua vida. Comerás o pão com o suor do teu rosto até que voltes à terra de onde foste tirado».

Curioso que nós castigamos os filhos com o mesmo objetivo. Para ver se ele tem consciência das consequências dos seus atos. *Vai lá para o quarto e fica sossegadinho a pensar na asneira que fizeste*.

É a quantidade de vezes que ouvimos a expressão, "deves pensar que as coisas caem do céu e não custam a ganhar"?

Temos a responsabilidade e o poder de fazer a nossa parte positiva no mundo. Sozinhos somos uma gota de água no oceano ou um grão de areia no deserto, mas juntos fazemos um oceano sujo ou um deserto limpo, consoante as nossas escolhas e capacidade de transformação.

E tu, o que desejas ser?

Mudar o mundo requer mudar mentalidades e quebrar ciclos viciosos. Está mais do que na hora de evoluirmos "humanamente".

O que importa verdadeiramente na tua vida?

O que realmente gostavas de mudar?

CAPÍTULO 43

Quebrar o ciclo vicioso

Como é que acabou a história de Caim?

"Cuidado, pois ele tem muita inclinação para ti, mas deves dominá-lo".

Ele não soube dominar as emoções negativas e deixou-se levar pelo ódio e matou o seu irmão.

Foi castigado. E será que ganhou consciência do seu ato?

"«Que fizeste? A voz do sangue do teu irmão clama na terra até Mim. De futuro serás maldito sobre a terra que abriu a sua boca para beber da tua mão o sangue do teu irmão. Quando a cultivares, negar-te-á as suas riquezas. Serás vagabundo e fugitivo sobre a terra.»

E aqui está a explicação daquela expressão que hoje usamos tanto: "Vai colher aquilo que está a plantar".

E se transportarmos isto para o plano científico, olha o que a física quântica mostra. Tu recebes do Universo aquilo que dás.

"«Caim disse ao Senhor: «O meu castigo é excessivamente grande para ser suportado. Expulsas-me hoje desta terra; obrigado a ocultar-me longe da tua face, terei de andar fugitivo e vagando pela terra, e o primeiro a encontrar-me matar-me-á?»

O Senhor respondeu: «Não, se alguém te matar Caim será castigado sete vezes mais». E o senhor marcou-o com um sinal, a fim de nunca ser morto por quem o viesse a encontrar."

Aqui o ciclo vicioso do ato é quebrado. É pela tolerância e pelo perdão que o ciclo vicioso é quebrado?

Será que o ser humano tem essa capacidade?

Como era bom termos a capacidade de parar nos momentos certos.

É preciso ter um nível de conhecimento e gestão emocional enorme.

O livro de Génesis exemplifica o desafio da gestão das emoções.

Estás a ver as atualizações que tu precisas de fazer no teu telemóvel de X em X tempo para ele funcionar melhor? Também terás de fazer pequenas transformações de X em X tempo para te tornares numa melhor pessoa.

E encontrei a resposta que procurava.

"Quando os homens começaram a multiplicar-se sobre a terra, e deles nasceram filhas, e os filhos de Deus, vendo que as filhas dos homens eram belas, escolheram entre elas as que quiseram para mulheres. Então o Senhor disse: «O Meu espírito não permanecerá indefinidamente no homem, pois o homem é carne, e os seus dias não ultrapassarão os cento e vinte anos».

Continuei a leitura, porque obtive mais respostas às situações recorrentes do dia-a-dia.

"O Senhor Deus reconheceu que a maldade dos homens era tão grande na terra, que todos os seus pensamentos e desejos tendiam sempre e unicamente para o mal. (...).Deus olhou para a terra e viu que ela estava corrompida, pois toda a carne seguia, na terra, a senda da corrupção."

O homem comeu o fruto da árvore do conhecimento do bem e do mal, mas não aprendeu a ter consciência dos seus atos?

A ética e a moral são as bases de conduta do Homem, espelhando o seu carácter, a sua forma de agir e de se comportar em sociedade.

Mas algo surgiu. Como diz o ditado, "a esperança é sempre a última a morrer". Eu tenho esperança nesta geração. Que deixem de estar entretidos com futilidade viral ou a olhar para o outro, e ganhem consciência da realidade à sua volta. Que usem as redes sociais para transformar a sociedade pela opinião pública.

"Noé, porém, achou graça aos olhos do Senhor. (...) era um homem justo e perfeito entre os homens do seu tempo, e andava sempre com Deus."

Vai pelo caminho correto, porque a "esperteza", quando prejudica os outros, tem os dias contados. Tu deves ser "desenrascado e mexido". Isso é natural e vantajoso para ti até ao limite de pisar os outros.

Porque lá à frente há um esperto mais esperto do que tu, que irá deixar-te no chão. Essa também vi na vida há pouco tempo. Foi quando obtive resposta à minha pergunta de adolescente. Via muitos espertos a passarem à frente e ficava revoltada sem saber se deveria tornar-me igual.

A escolha é tua, mas a esperteza tem os dias contados. É só uma questão de tempo. Só não sabes é o tempo que demora.

É mais ou menos como a humildade. Tu és muito competente num determinado patamar. Então, decides ser exibicionista e mostrar superioridade em relação aos outros. Porém, quando és colocado noutra função e a tua competência nesse novo patamar já é não suficiente para desempenhá-la, apanharás a vergonha da tua vida.

O melhor que tens a fazer é ficares na tua vida e focares-te nas tuas coisas, rodeado de bons amigos e limpares tudo o que não interessa à tua volta. Como?

Reserva um tempo no final do dia, para falares contigo próprio e refletires no dia que passou. Abstrai-te de tudo o que não interessa e não está dentro da tua estratégia.

E a limpeza veio com o Dilúvio.

«De futuro não amaldiçoarei mais a terra por causa do homem, dado que as tendências do coração humano são más, desde a juventude, e não voltarei a castigar os seres vivos, como fiz. Enquanto substituir a terra, haverá sempre a sementeira e a colheita, o frio e o calor, o Verão e o Inverno, o dia e a noite».

Já paraste para refletir nestas três linhas?

Já reparaste no comportamento das crianças?

Lembras-te de como tu eras e de como tu és agora? O que é que mudou? O que te fez mudar?

As crianças precisam dos adultos para saber o que é o correto.

Nós tentamos fazer o melhor, mas falhamos muito. Olha o exemplo do "bate com mais força para ver se ele gosta". Por consequência, cresce e aprende a "pagar na mesma moeda".

Achas que a vingança é uma estratégia excelente para o outro sentir na pele o que tu sentiste?

Evolui, porque desta forma não estás a aprender a colocar-te no lugar do outro.

Porque se tivesses consciência, sabias que essa postura irá transformar-te por dentro. Ficas agarrada a isso, e não consegues andar para frente, porque permites que uma ligação a uma situação negativa permaneça.

Depois a vida não te corre bem e não sabes o porquê.

Olha o exemplo do fim dos relacionamentos.

Quando a tua posição é inferior, é mais difícil de digerir a situação. Ou seja, foste traído ou o outro já não quer continuar a relação.

Automaticamente o que acontece?

Ficas mal, parece que o mundo acaba, que te cortaram uma perna e que agora já não sabes andar. Erro número um. Nunca criar dependência nas relações, seja emocional ou monetária. Quando estamos ligados emocionalmente a uma pessoa, por vezes confundimos a fronteira dessa ligação e criamos uma dependência sem dar conta. Quando a relação acabar, o mundo continuará a girar e tu é que vais parar na vida.

O segundo erro é ficar a bater na mesma tecla, onde normalmente surgem as dúvidas do porquê de não ter dado certo, e consequentemente surgem sentimentos de inferioridade. Aprende a refletir com clareza.

Se não deu, é porque não tinha de dar, e porque o melhor está para vir. É neste ponto de vista que tu tens de te focar, porque a dor emocional é insuportável. Tens de aprender a gerir os sentimentos.

Por isso, anda para a frente e procura conhecimento sobre o assunto. É uma tarefa individual. Há sempre o lado positivo e o negativo nas situações. Sê sábia e retira delas o lado positivo. Provavelmente, quando tiveres uma nova relação, não farás tantos erros. Alguma coisa aprendeste com relações passadas. Faz parte da experiência da vida.

E, neste assunto, eu também tenho experiência.

Também passei por uma relação falhada. Fiquei sozinha com uma filha. Passei por injustiças. Depois experimentei uma experiência de traição. Traiu-me a confiança. Eu fiquei em baixo e mal comigo própria, por ter confiado nas pessoas. Mas como tudo tem o seu ponto de vista, eu preferi valorizar-me. Se as outras pessoas agiram incorretamente é problema delas.

Não deram certo?

Ainda bem. Assim tive oportunidade de ter uma nova história. Se vai dar certo?

Não depende exclusivamente de mim, mas a resposta enquadra-te em todas as situações.

Requer investimento, dedicação, diálogo, respeito, limites, gestão emocional e aperfeiçoamento diário. Muita tolerância, confiança e certeza no que se quer.

E aqui está o básico da teoria. Na prática é extremamente complexo. São duas pessoas com personalidades e maneiras de pensar diferentes, que têm de se relacionar. O tempo vai passando e as pessoas mudam. Adquire conhecimento aplicado a fórmula. O tipo de relação que funciona com a pessoa A, pode não funcionar com a pessoa B.

Também tens o outro cenário. E, nesse, falo por experiência própria.

Pensava que o melhor, para mim, era estar com alguém parecido comigo. Depois descobri que seria insuportável.

Às vezes cais no erro de imaginar a pessoa e a relação que gostarias de ter. Por esse motivo é que aparecem as deceções. Tu crias uma expectativa em relação ao outro ou projetas no outro aquilo que tu gostarias para ti. Quando a realidade aparece, não corresponde às expetativas. Nunca te aconteceu?

A pessoa C é excelente para uma relação contigo, mas falta algo que não sabes explicar o que é?

Como é que explicas que não te importas só contigo e passas a importar-te também com o outro? Que tens vontade de partilhar a tua vida com a pessoa? Que não viras as costas na primeira dificuldade?

Como é que tu explicas que o outro tem a capacidade de transformar-te numa pessoa melhor?

A vida faz o favor de explicar no momento certo.

CAPÍTULO

O ano da transformação

O ano da transformação teve início em 2016.

Um dia "parei" e comecei a questionar o que se passava à minha volta. Tudo me acontecia de mal.

Um emprego novo? Ficava com o que ninguém quer fazer.

Contas para pagar? Surgia uma dívida vinda não sei de onde. Confundiste o pagamento da conta da água com o da luz? Problema teu.

Sorte com as pessoas que apanhas pela frente? Nenhuma. Dificuldade para alcançar objetivos ou resolver problemas simples? Sim. As dificuldades eram gigantes para tudo e mais alguma coisa!

O azar vinha ter comigo e era algo que eu não sabia explicar.

"Alguma coisa eu devo de estar a fazer mal, mas o quê?" Precisava de encontrar soluções.

Um amigo meu tinha transformado a sua vida profissional em 2013 e falava-me da energia positiva, do poder do pensamento, e eu ria-me.

"Oh pá, 'chalantices' não. Nem venhas com a Teoria do Segredo que eu não sou nenhuma tontinha, para pôr os óculos da felicidade nos olhos e a achar que o positivismo resolve tudo".

Eu não sabia nada do assunto, mas sabia que não queria ser enganada. O que não falta são "espertos", bem na vida, à conta da ignorância dos outros.

Nunca ouvia ninguém a falar da importância da estratégia com clareza e objetividade.

Eu só ouvia da boca dos outros "Reclamas demais e fazes de menos. Atitude de coitadinha não funciona. És uma preguiçosa. Vai à luta".

Mas explicarem-me quais os passos do "vai à luta" ou terem noção da "minha luta" para resolver o meu problema com a Banca, ninguém fazia a mínima ideia!

Coitadinha?

Eu nem gosto da filosofia do coitadinho. Muito menos do "quem não chora não mama".

Frases como: "Só não consegue as coisas quem não se esforça" ou" o sucesso é para os fortes", são de uma ignorância que só visto.

Aquilo fazia-me ferver!

Desde quando é que tu precisas só de esforço ou força emocional para conseguires as coisas que queres?

O esforço ou a força emocional são ferramentas, que sozinhas não valem nada. Eu esforcei-me e não consegui nada.

Eu não sabia o que faltava. Mas havia pessoas que conseguiam as coisas mais facilmente do que outras. Ou faziam de conta que sabiam como as conquistar.

E muitas não chegavam a alcançar nada, olhando para o "alcance" dos outros, com frustração e inveja. Por isso é que há muita gente a criticar sem fundamento. E muitas não podem com a felicidade dos outros!

Então, eu tinha três alternativas.

Alternativa um.

Mudar a minha essência. Passava a ver programas fúteis na televisão que não agregam valor nenhum à vida. Ser submissa e dizer "sim" a tudo porque é mais fácil. Ser do contra só traz chatices na vida. Sorrir com hipocrisia, quando por dentro estás a dizer "sai do meu caminho".

Partilhar a minha vida íntima nas redes sociais, para ter likes, só por ter. Porque preciso de mostrar aos outros que estou muito feliz na vida, quando na prática estou infeliz e nem sonho o preço que estou a pagar, por me enganar a mim própria.

Pertencer a grupos e gostar das mesmas coisas que os outros, só para ser "cool".

Escrever comentários iguais às opiniões dos outros, para "ter status" e toda a gente me admirar. Parece que isto é que é o "normal" nos dias de hoje.

Alternativa dois.

Ficar a bater na mesma tecla, ficar no inconformismo, na ignorância e não fazer nada.

"Aceita que doí menos". Também ouvi essa frase muitas vezes.

Sim, aliás, aceitamos todos "porque é assim". Muitas famílias ficaram destruídas financeiramente, foram empurradas para a Insolvência, outras forçadas a emigrar, mas "aceita que doí menos". É assim porque tu tens um sistema injusto.

Alternativa três.

Procurar respostas e ajudar os outros. Não era só eu nesta situação. Já que eu tinha tanto raciocínio lógico, punha tanta coisa em causa, e não aceitava o "sim, só porque sim", para alguma coisa haveria de ser útil. Eu sabia que queria ser útil e não fútil.

Bati com os pés no fundo do poço, mas ganhei impulso e vim para cima.

Demorei mais um ano!

Um ano e meio para que os pontos se ligassem entre si e as coisas começassem a fazer sentido.

Foi o período em que mais pesquisei na vida.

Eu estava determinada em transformar o chumbo em ouro. Queria que a minha história de vida fosse útil na vida dos outros.

Não há transformações na vida em 15 dias. Uma transformação em qualquer área da tua vida leva tempo. Então, quando estás perdido e não sabes o que queres, é uma aflição. Só te colocas para baixo.

Este verão vai ser a moda do "muda a tua vida que nós sabemos como".

As pessoas são obrigadas à submissão do sistema. Estamos num país em que as coisas não são fáceis e na maior parte das vezes não funcionam.

Há muito desemprego e pouco poder de compra. O grande poder de compra está nos turistas. Portugal é um país turístico que está na moda.

Os jovens são obrigados a emigrar porque aqui não há trabalho. Dos que estão empregados, são poucos os que gostam do que fazem. Os que estão bem, praticamente não querem saber de ti para nada, porque o problema é teu. As oportunidades são para o filho do A e do primo do B. O empreendedorismo é lindo, porque te facilita a vida nos apoios à Banca, mas os benefícios fiscais são zero. Ninguém te irá explicar nada se as coisas correrem mal. Podes sempre olhar para o meu exemplo e fazer as contas aos anos que já desperdicei e aos que vêm aí. Quando queres abrir um negócio, é legislação, muita burocracia e impostos altos.

Na verdade, é o sistema que tem de mudar. E não muda de um dia para o outro, muito menos com fórmulas mágicas. Podes e deves ter consciência da realidade e aprenderes a estar na vida com leveza. Um antigo colega de escola contou-me que passou por um grave problema de saúde, mas nunca tinha perdido o otimismo de "seguir em frente". Vivia a vida com uma intensidade e paixão incríveis.

Tive consciência que o otimismo é um bom ingrediente diante das dificuldades, mas que podes perdê-lo quando a realidade da vida é dura de mais.

Ainda não tinha descoberto que as qualidades do EU precisam de ter CONHECIMENTO para se construir uma ESTRATÉGIA. É a interligação deles que permite o SUCESSO.

CAPÍTULO

Algo novo aconteceu

Antes de começar a procurar respostas para as minhas perguntas internas, algo novo aconteceu na minha vida.

Decidi ajudar uma pessoa, partilhando casa com ela.

Porque raio é que hei de ajudar uma pessoa se eu não ganho nada com isso?

Tinha passado por uma experiência negativa com uma falsa amiga e decidi que nunca mais iria ajudar ninguém. Quem é que nunca teve uma má experiência com falsos amigos?

Não sei o porquê, mas decidi ajudá-lo. Senti que ele tinha garra, força de vontade e um positivismo na vida igual ao que eu tinha antes de ter tantas desilusões.

Nessa época eu trabalhava em horário noturno e tínhamos pouca convivência. Sempre gostei da minha própria companhia. É difícil de explicar isso a pessoas que precisam de estar sempre acompanhadas. Caso contrário, não me consigo ouvir a mim própria nem raciocinar com clareza.

Aprendi a partilhar o espaço e a convivência foi acontecendo. Chocávamos muitas vezes, por causa das personalidades, como uma reação química, porque a vontade de estarmos juntos começou a crescer.

E aqui é que começa a graça da história. Para alguém que tem de ter explicação lógica para tudo, ia iniciar uma experiência sem lógica no mundo das emoções.

Agora entendo que as pessoas aparecem na nossa vida por um motivo qualquer.

Só consegui perceber isso quando a experiência positiva aconteceu depois das experiências negativas.

CAPÍTULO 46

As primeiras lições sem lógica

Aprendi logo a minha primeira lição.

Existem sentimentos que não se explicam. Apenas se sentem, e o melhor é não complicar muito e deixar fluir. Porque realmente a sensação é inexplicável. Complicamos demais e desfrutamos de menos.

Tentar "racionalizar" sentimentos é um dos piores erros que cometemos. Parece que há uma cultura imposta, em que a razão é que manda na emoção. Que o lado emocional é uma falha do ser humano. Quando na verdade, o segredo é encontrar uma harmonia entre eles.

Outra lição vinha de seguida.

A diferença de idades. A sociedade não vê com bons olhos casais com diferenças de idades. Enfia-te ideias na cabeça e para as tirares é uma carga de trabalhos. Eu própria levei tempo para aceitar essa pequena diferença.

Vais questionar tudo.

E o futuro? E se me deixar? Vou passar por mais um desgosto?

E se ele se cansar de mim? E quando for mais velha, vai-se notar que ele é mais jovem.

Há duas gerações era um "escândalo" casar pessoas de classes sociais diferentes. Pobre não podia casar com rico "porque era assim". A verdade é que tanto os meus avós como os dele quebraram padrões na sociedade. Ainda bem, porque agora somos nós a quebrar paradigmas, com a diferença de idades.

Toda a gente irá dar palpites e dizer o que é melhor para ti. Mas, na verdade, tu é que sabes o que é melhor para a tua vida.

As mentalidades têm de evoluir.

E daqui tirei logo a terceira lição.

O "se" não leva ninguém a lado nenhum. Nada pior que teres dúvidas e não saberes o que queres. É natural que a pessoa tenha dúvidas e questões, mas ficar no mesmo, não dá. A incerteza é inimiga do sucesso. Tu precisas de saber o que queres da vida. Não podes dar ênfase ao "se".

Como é que eu resolvi o problema do "se"?

Tendo consciência de que somos efémeros. Temos um prazo de validade em nós. Só não sabemos é quando acaba.

O melhor mesmo é deixar o "se" de lado e começar a viver, porque não somos eternos.

Podes juntar o "mas" e o "nim". O "nim" é igual ao morno. Nem é quente nem é frio. Fica ali entre o sim e o não.

E, juntamente com a terceira lição, veio a quarta.

Viver intensamente o presente.

Há que viver o presente e não nos focarmos tanto no futuro. Cada um sabe para si o quanto o futuro é importante, mas deixar de viver o presente e olhar só para o futuro é um erro.

Ficamos à espera do futuro, porque lá é que está a felicidade. Outra ideia bonita imposta em nós.

Qual futuro? Daqui a um mês, daqui a um ano, ou daqui a dez anos?

E depois passa um mês, já não há futuro. Passou a passado e nada aconteceu.

Entretanto, continuas a olhar para o próximo futuro, que será daqui a um ano. Passa o ano, e novamente nada acontece. E às tantas passaram dez anos e a felicidade não aconteceu, porque desperdiçaste tempo olhar para um futuro, sem aproveitares o presente.

Quantos de nós, por volta dos 30, começamos a ter "crises existenciais"?

Olha-se para trás e tem-se consciência de que não se fez nada do que se queria. Já não se sabe o que se quer e anda-se desorientado da vida.

Será que se ficou a imaginar um futuro que não existiu?

Quinta lição. Ultrapassar o medo.

Essa aprendi bem tarde. Deixava para depois aprender. Um depois pior que o tal futuro. Eu nem sei onde se localiza esse depois.

O medo é tão bom como mau. O medo mantém-nos em segurança, por um lado, mas bloqueia-nos pelo outro. Morria de medo de ter uma relação. A última só serviu para aprender o que são dívidas solidárias, penhora de vencimento, viver com o ordenado mínimo, "queimar" a juventude e fazer de pai e mãe.

Se alguém morre de medo e deixa de lado a oportunidade possível de viver uma história, pode estar a cometer um grande erro. Se não arriscares, nunca saberás o que pode acontecer. Se correr mal, correu.

O ser humano sente medo de expor os seus sentimentos.

Porquê?

Por muitos motivos. Principalmente, porque a dor emocional chega a ser mais intensa que a dor física, e é mais difícil de ultrapassar.

Porque há a possibilidade de não seres correspondido. Ou porque há oportunistas que só querem divertir-se à tua conta. Ou simplesmente tens medo de seres traída.

Ninguém merece ser traído. Nem na confiança, nem com outra pessoa. Eu experimentei dos dois. Nem tinha piada se não fosse assim. À conta dessas experiências fiquei muito tempo sozinha.

Saber gerir as emoções é fundamental. Não é fingir que nada se passou ou pôr uma "pedra por cima".

Estás a querer enganar quem? A ti próprio?

É melhor não o fazeres, porque isso fica lá escondido, algures, e um dia acaba por explodir.

Isso não é solução. Procura conhecimento. Seja em livros, seja a falar com o médico, seja a falar com amigos verdadeiros, mas faz alguma coisa. Cada pessoa tem a sua personalidade, jeitos diferentes de lidar com a dor, com o sofrimento e com a perda.

Em vez de ficares a remoer nas coisas negativas , vai procurar conhecimento para transformares o negativo em positivo, seja lá a situação que fôr.

Então decidi deixar o medo de lado, o preconceito, o "se", o "mas" e o "nim" e aproveitar intensamente o momento presente.

Foi a melhor escolha que podia ter feito.

Para quê estar a sofrer por antecipação? Se acontecer, aconteceu. Vai trair-me? Não vai dar certo? Libertei-me dessas dúvidas todas.

É uma sensação única. Tu acabas por sentir uma grande liberdade e não ficas presa ao "se", ao medo e ao tal futuro que não sabes onde fica. Deixas de ser refém de ti própria e vives intensamente o momento.

Eu tinha ideias pré-definidas na cabeça. Esta pessoa apareceu na minha vida para me mostrar que eu estava errada. Tudo o que eu achava como certo, não era bem assim.

Eu não acreditava que duas pessoas tão diferentes pudessem ter uma relação. Nunca concordei com a frase "os opostos atraem-se".

Para mim tinha lógica que duas pessoas parecidas, com gostos e maneiras de pensar parecidas, funcionassem melhor.

A sexta lição.

Sendo opostos ou semelhantes, o que importa é completarem-se.

Eu sou muito racional, ele é intuitivo. Eu gosto das coisas planeadas, ele vai ao sabor do vento. Funcionamos de formas distintas. Levei muito tempo a aceitar isso. É um desafio constante.

Aprender a ser tolerante com o outro e a ter paciência.

Não há fórmulas nos relacionamentos. Até porque o que hoje funciona, amanhã pode não funcionar.

Esta questão do lado emocional e do lado racional está sempre presente no ser humano.

Qual devemos seguir? Qual é que deve prevalecer?

Se tu achas que deves seguir o coração, segue. Se achas que deves de ir pelo lado racional, vai.

Só não vás é pelo que os outros dizem.

Pesquisa sobre o assunto, reflete e faz uma escolha consciente.

Tu é que sabes se deves ir pela razão ou pela emoção, consoante as situações. Mas no equilíbrio é que está a melhor escolha.

Posso dizer-te que as emoções ficam registadas em nós, gravadas na forma de recordações. Algumas são tão intensas que, passados anos, tu pensas naquela situação e parece que estás a vivê-la novamente. Basta pensar nas mães e em como elas nunca esquecem do dia do parto. Ou na sensação boa que sentes, quando pensas nas férias inesquecíveis que viveste.

O mesmo acontece em situações negativas, ou traumáticas. Procura conhecimento.

Outra lição importante.

Há que impor limites, senão as pessoas abusam. Como se costuma dizer, "tu dás o dedo e querem logo o braço".

E para que uns não paguem pelos outros, porque isso não é filosofia para ninguém, basta impores limites.

Até para ti próprio. Vive intensamente, mas procura quais é que são os teus limites. Lá porque no passado tiveste um desgosto, uma deceção ou as coisas não correram bem, não ponhas uma barreira à tua frente.

Deixas as possibilidades aconteceram com limites, de forma a salvaguardares-te. Um amigo traiu a tua confiança?

Não vais fechar a possibilidade de fazer novas amizades. Aprende a ser prudente e cauteloso.

Oitava lição. Eu penso demais. Ele é super tranquilo. Chega a enervar, porque consegue não pensar em nada.

Eu já tinha pesquisado sobre as diferenças entre o cérebro feminino e o masculino e sobre a capacidade dos homens não pensarem "em nada".

Experimenta meditação. Eu achava algo estranho. Julgava que tinha de ficar horas de pernas cruzadas sem pensar em nada. Tinha uma ideia errada. Não tinha procurado conhecimento de forma correta.

Foi com ele que eu aprendi que os homens não ouvem nada do que dizemos.

Então se eu disser "vamos conversar", aí é que o botão off liga.

Nós falamos, e simplesmente eles desligam. Já sabem o que vamos dizer e parece que voltam a ligar a conversa, já no final. Impressionante o poder do ouvido seletivo.

Por isso, eu deixei de ter grandes conversas.

Ele fica chateado quando eu não acabo as frases, enquanto falo. Eu não dou conta. Estou a falar do A, mas já a pensar no assunto B. E depois penso no C, enquanto a minha boca está ainda a pronunciar o A.

Acontece, porque eu estou habituada a falar comigo própria. E a falar comigo própria, eu respondo à velocidade do pensamento.

Descobri que as mulheres falam A e que por vezes os homens entendem B.

O que mais me fascinou foi a sua capacidade de despejar o cérebro.

"Lembras-te daquele dia em que fomos ao cinema e depois fomos comer um bife e estava lá um senhor de camisola laranja que pediu um bife malpassado com molho e batatas fritas?"

Não, responde ele.

Ao início, enervava-me, mas depois comecei a perceber que ele é que fazia bem. Para quê guardar tanta informação de coisas que não interessam ou pensar tanto nalguns assuntos? A memória de elefante deve de ser outro mistério do universo feminino.

Eu andava sempre stressada com tudo. Pensava em coisas insignificantes. E isso não me dava clareza para ultrapassar as dificuldades.

E a capacidade dele de "passar à frente" das situações?

Tiveste uma chatice ontem? Isso foi ontem, porque hoje é outro dia. Deixei de "remoer" em muitos assuntos.

Nona lição. A relação de parceria.

Já na época do liceu me faziam confusão os namoros.

Observava a alteração no comportamento das pessoas e não entendia. Parecia que perdiam a liberdade. Deixavam de fazer isto ou aquilo, porque namoravam.

O tema das relações é dos mais complexos que há.

Há uma necessidade de querermos que o outro seja aquilo que nós desejamos. Ou projetamos no outro um ideal daquilo que queremos para nós.

Nada é linear e não existem relações perfeitas como a sociedade teima em vender.

Procuramos a felicidade no outro, quando na verdade ele é só um complemento da nossa própria felicidade.

A necessidade de posse é algo complicado. Não sabemos lidar com o lado emocional. Por um lado, ficamos "presos" àquela pessoa. Por outro, temos medo de a perder. Sentimos uma necessidade de que a outra pessoa seja só nossa. Já diz a música que "ninguém é de ninguém mesmo quando se ama alguém". Lidar com os ciúmes é difícil demais.

E a tolerância? O diálogo? A cumplicidade? O respeito? A compreensão? A paciência? O saber colocar-se no lugar do outro? E aprender a lidar com os defeitos do outro?

Procura o máximo de conhecimento sobre o assunto.

Posso afirmar, convictamente, que é um verdadeiro desafio ter uma relação atualmente, onde o mundo virtual rouba espaço ao mundo real. Onde as traições são fáceis de acontecer. Porque muita gente quer o melhor dos dois mundos. Ou és livre e solteiro ou te comprometes com a outra pessoa. É uma escolha tua. Julgas que não tens responsabilidade sobre a confiança que o outro deposita em ti?

Quem quer trair, até debaixo do nariz do outro trai. A rédea curta não impede traições. A pessoa ou confia ou não confia, dependendo se quer paz de espírito ou andar sempre desconfiada. Se o outro não é digno de confiança, a conversa já é outra.

CAPÍTULO

Do conhecimento à consciência

Algo aconteceu sem eu dar conta. O meu foco, pela primeira vez, tinha mudado, depois de tantos anos com os mesmos assuntos.

Quando eu quis "sair" do mesmo sítio, as coisas vieram ter comigo. E olha que eu sou muito pragmática. Mas decidi procurar o máximo de conhecimento possível até conseguir encontrar as respostas de que precisava.

Interessei-me pela física quântica, pela energia corporal, pelas formas positivas de estar na vida. Pela energia das plantas, dos lugares e pelo Feng Shui. Descobri a técnica do EFT – Tecnical Freedam Emotion.

Movida pela curiosidade, fiz o meu mapa astral num site e achei a Astrologia bastante interessante. É complexa e de infinitas possibilidade de interpretação, que por um lado se encaixam na vida de qualquer um, mas ao mesmo tempo consegue ser espantosa pela sua exatidão.

No entanto, muita dessa informação é transmitida sem qualquer fundamento, por charlatães que se proveitam da falta de conhecimento das pessoas.

Encontrei o tema da espiritualidade universal, enquanto estado de espírito, sem nenhuma ligação a religiões. Aquela imparcialidade fazia sentido para mim. Dava-me liberdade de escolha. Eu não tinha de seguir algo específico. Só refletir sobre a minha vida e sobre o meu EU. Dava-me respostas ao que eu procurava. Aquela busca de conhecimento fazia sentido para mim. Começava a ter consciência de porque é que tudo me acontecia. Também encontrei respostas no livro de Job e no livro da Sabedoria, depois de refletir sobre o assunto.

Quando tudo te acontece de mal, por vezes é a vida, o universo ou Deus que estão a tentar comunicar contigo e tu não estás a perceber. Estão a dizer-te que o caminho não é por aí, e tu simplesmente não estás a entender. É pela consciência que tu encontras as respostas, através da reflexão.

Da mesma forma que, quando uma pessoa está mal e sem paciência, o problema vem, e é "visto" por um prisma. Quando estamos de bem com a vida, o mesmo problema vem, mas a nossa "perceção" é outra e a resolução altera-se.

Quando estás mal, o problema transforma-se em super problema sem resolução. Mas se estás bem, tens leveza e calma para o resolver e, automaticamente, o problema diminui. Esta é que é uma grande técnica para se aplicar na vida.

Tão simples e que eu demorei tanto tempo a perceber.

Porque tu precisas de receber informação com qualidade. O meu amigo já tinha falado do "Segredo", mas eu não tinha percebido a mensagem real do livro. A mensagem que rececionava, é que bastava acreditar nas coisas e elas aconteciam. Eu quero uma casa, acredito e ela vem ter comigo através da força do pensamento.

Que disparate! Sim, a força do pensamento é poderosíssima, aliada à tua estratégia.

Se não te esforças, não traças metas atingíveis, não elaboras etapas e não sabes o que tens de fazer para alcançares o que tu queres, a força do pensamento sozinha não faz nada. A união é que faz a força.

Vi vídeos, li textos, e fui vendo o meu EU a alterar de estado de consciência. Mas, aqui, ainda não sabia a importância do EU na fórmula. Ainda não tinha feito o "clique".

Muita coisa tinha acontecido comigo, e eu sentia-me perdida e sem direção, feita "barata tonta".

Eu não sabia o que queria da vida. E provavelmente não acontece só comigo.

Lembro-me de falar com a C., há três anos, e ela dizer-me:

"Tu tens de parar e saberes o que queres da vida. Andas num labirinto cheio de pontas soltas que não vão dar a lugar nenhum. Não acabaste a faculdade. Estás cheia de dívidas solidárias. Só arranjas trabalhos temporários e passas a vida a saltar de um lado para o outro. O teu curso de eventos, que tanto queres, nunca mais realizas. Não investes no teu inglês. Começas as coisas, mas nunca as acabas e os anos estão a passar. Ainda tens um aspeto jovem, mas despacha-te, porque as miúdas de vinte estão a passar-te à frente. Depois dos trinta, as oportunidades não são iguais. E mais! Deixa de ser ingénua ou boa pessoa. Aprende que, à tua volta, nunca irão querer o teu bem. Algumas pessoas até podem querer, mas não permitirão que estejas melhor do que elas. Toma atenção à tua personalidade. Tu dizes as coisas com muita força."

Eu sofro de "frontalidade impulsiva" e as pessoas não gostam. Os sábios já aprenderam a estar calados. É a melhor opção para quando não sabes o que dizer ou para quando é uma perda de tempo, porque a pessoa à tua frente não alcança o teu raciocínio. Essa é a justificação para haver tantos sorrisos amarelos. Porque é muito mais fácil. Pois uma ação provoca sempre uma reação.

O tempo foi passando e fiquei a pensar no que ela me disse.

Às vezes recebemos informação valiosa, mas não temos consciência plena até compreendermos a mensagem ou passarmos por uma situação semelhante.

Agora tenho consciência do que ela quis dizer.

As críticas construtivas são ótimas para refletires sobre a tua vida. Críticas destrutivas, sem fundamento ou explicação, são inúteis e ignorantes.

Sentia que faltava algo, mas não sabia o que era. Sabia que gostava de ajudar os outros, mas não sabia a direção. Não tinha nada definido para a vida.

Conversava com muitos amigos e conhecidos. Experimenta a Política ou o Direito.

Nem uma coisa, nem outra. Precisava de me enquadrar numa área prática.

Até que decidi procurar respostas. Tens de fazer as perguntas certas.

Comecei a consumir conteúdos sobre o propósito da vida e como alterá-la. Os horizontes abriram-se, mas as respostas prontas não vieram. E não vêm. Não há respostas prontas adequadas a ti.

Eu tinha pressa em sabê-las, ficava ansiosa, e isso roubava-me clareza mental.

As respostas aparecem no momento certo. É preciso reflexão, tempo e amadurecimento.

Encontrei um inquérito que perguntava pelas minhas virtudes, qualidades, pontos fortes, gostos pessoais, coisas que os outros elogiassem em mim. Quais os meus gostos e brincadeiras em criança. Quais os sonhos que tinha.

Organizei a minha pesquisa numa "agenda da transformação". Fiquei mais perdida, porque não me enquadrava em nada.

Gostava de ler e escrever. Estudar jornalismo? Gostava de ajudar os outros. Enfermeira ou médica? Gostava de trabalhos dinâmicos e criativos, mas todo o meu percurso profissional era resumido a trabalhos metódicos e burocráticos. Fazer projetos de interiores? Não tinha concluído o curso. Gostava de aprender e de passar conhecimento. Ser professora? Estudar psicologia comportamental? Três anos de faculdade? Não tinha base financeira para isso.

O tempo estava a passar e eu não sabia o que fazer à vida, nem que direção tomar.

Saber o que se quer da vida, é fundamental para definir o "SUCESSO". Seja pequeno ou grande.

E, quando não sabes, normalmente a vida encarrega-se de te dizer. Quando não estás no caminho certo, muita coisa pode acontecer pela negativa, até que "pares" e percebas que não estás na direção correta.

Este era o motivo de tanto "azar" na minha vida e eu não tinha consciência disso.

Até que um vídeo veio ter comigo, cujo autor dizia, "sem as perguntas certas não vais encontrar o resultado que precisas".

Onde é que tu queres estar daqui a três anos? O que é que tu visualizas? O que é que tem de ter acontecido para lá chegares? Quais as três ações realistas e práticas que tu precisas de fazer? Qual é o teu sucesso?

Apontei no meu caderno e fiquei a refletir naquilo durante um tempo. Sabia, desde a adolescência, que não queria trabalhar fechada no mesmo sítio. Sentia uma necessidade enorme de liberdade. Sabia que queria ter independência financeira. Sabia, desde sempre, que a minha felicidade não passava por ter muito dinheiro. Só desejava o patamar da "qualidade de vida". Mas, mesmo assim, eu não tinha as respostas que precisava.

CAPÍTULO

O EU, os outros, a comparação e a cooperação

O desinteresse pelas redes sociais instalou-se e decidi "desligar-me" do mundo virtual. Tinha-me "fechado" para o mundo.

Na época em que praticava exercício, seguia um grupo de culturismo. Eu procurava informação específica e achei que ali era um bom sítio. Mas, afinal, era um bom sítio para ofensas gratuitas. É só entendidos e uma falta de respeito que só visto. O único músculo que eu vi ser trabalhado com ênfase e empenho foi o da língua.

Impressionante como toda a gente sabe tudo, tem opinião sobre tudo, mas apresentar soluções, zero!

O grupo acabou, porque houve uma discordância de opiniões. A Zumba gerava melhores resultados do que a musculação. As pessoas perdem a noção do ridículo. Atrás de um ecrã, toda a gente diz o que quer. A expressão "pela frente é uma coisa, mas por trás é outra" assentou que nem uma luva. Essa aprendi no tempo da faculdade. Por trás toda a gente concorda, mas pela frente só concordam até ao ponto em que não possam ser prejudicados.

Li todo o tipo de opiniões.

Mas, afinal, o que é que incomoda assim tanto as pessoas?

A mulher tem músculos e cara de homem? A opinião é tua, mas a cara é dela. O que é que a tua opinião sobre a aparência física da outra pessoa contribui para alcançares os teus objetivos? Zero.

Zumba é que é bom? Fica com a tua opinião e vai praticar zumba.

Comer alface é que é bom? Se tu achas que é bom para ti, come. Lá porque é bom para ti, não quer dizer que seja bom para os outros. Não fiques a impingir aos outros aquilo que tu achas que é bom para ti.

Porque cada pessoa tem a sua experiência de vida, história, tempo de desenvolvimento pessoal, e não é correto incutir no outro aquilo que funciona contigo.

Porque é que perdes tanto tempo com a opinião dos outros, quando ela não contribui para o teu sucesso?

Sinceramente, é de quem não tem o que fazer à sua vida e vive-a em função dos outros.

Quem está focado na sua própria vida não tem tempo para olhar para a vida dos outros. Não passa horas nas redes sociais. Perde o seu tempo a olhar para a sua estratégia!

Eu não gosto de futebol, nem tenho clube, e não é por isso que vou impingir às pessoas que não vejam futebol. Cada um gosta do que quer. Deixa as pessoas lá na vida delas e fica na tua.

Os meus amigos gozam comigo, porque eu não sei os nomes dos jogadores nem dos clubes. Os jogadores podem passar ao meu lado, que eu não sei quem são. Mas sei quem é o melhor jogador do mundo. E atrevo-me a dizer que provavelmente se focou numa estratégia para alcançar os seus objetivos. Não perdeu tempo com coisas inúteis e desnecessárias para alcançar o seu sucesso.

Eu não sigo nenhuma religião e não é por isso que vou impingir aos outros ideias contrárias às suas crenças.

Para onde é que foi a cooperação?

Será que não é mais inteligente adquirir conhecimento e partilhá-lo com os outros de forma sábia, do que perder tempo com comparações que não servem para alcançar objetivos?

De forma sábia, porque ninguém disse para seres "bonzinho" nem para seres pisado pelos outros. Há que saber implementar limites.

Os OUTROS são importantes na nossa vida, porque nos permitem chegar ao sucesso. É importante que adquiras conhecimento, mas é impossível que saibas tudo. Cada pessoa é especialista na sua área.

O teu conhecimento, em pequena escala, permite saber se o OUTRO é realmente especialista no assunto, ou dá só o ar de entendido, quando na prática não é.

O grupo de culturismo não me valeu de nada. Percebi logo que o conhecimento não se adquire através da opinião dos outros. Se queres saber, vai procurar conhecimento aos sítios certos e com as pessoas certas. Eu só consegui alcançar conhecimento pela pesquisa fundamentada e pela cooperação.

Se eu devo focar-me no EU, onde fica a fronteira com os OUTROS?

Primeiro estou EU e depois vêm os meus limites.

Os outros juntam-se a nós pelas afinidades. Muitos são referências para o nosso sucesso. Poucos estão a caminhar ao nosso lado ou a torcer por nós. Alguns aparecem para nos "melhorar" como pessoas. Outros têm de ser "barrados à porta" da nossa vida.

Os OUTROS estão à nossa volta para que tu aprendas a colocarte no lugar deles. Não para desejares ser o outro ou cobiçar o que ele tem. E quando essa consciência surge, tu substituis a comparação pela cooperação. Os outros à nossa volta podem melhorar a nossa vida pela bondade, solidariedade, amizade e altruísmo.

CAPÍTULO

O EU e o CONHECIMENTO na fórmula

Via o L. andar de um lado para o outro com uma energia, uma positividade, muito característica dele. Tem um jeito especial de estar bem com a vida. "Como é que esta alma toma banho, come, vai carregado com a mala para o ginásio, está lá enfiado duas horas, mais banho, mais carregar novamente a mala para trás e para a frente, de transportes públicos e mesmo assim não se cansa? Como é que ele não se farta?"

Quando se corre por gosto não cansa, não é verdade?

Ele tinha paixão pelo que fazia. A mesma paixão que eu tinha quando passava tardes na biblioteca a ler livros. Já não me lembrava disso. Foi aqui, que eu ganhei consciência sobre a diferença entre ter ou não ter paixão pelas coisas que fazemos. Ter paixão pelo que se faz, é meio caminho andado para o sucesso, porque funciona como um combustível no EU. A paixão até pode mudar, mas funciona como motivação constante na caminhada.

Quem lê este livro acha que eu tenho 90 anos por aquilo que conto. Mas não. Só passei por situações de grande elasticidade mental e emocional.

Dizia-lhe sempre com carinho:

"Tens garra e determinação. És muito energético, positivo e sorridente. Tens excelentes qualidades para alcançares sucesso na vida, mas falta-te uma coisa que eu tenho e tu não tens. A experiência de vida. Já passei por muitas situações complicadas. Era parecida contigo, alegre e divertida, mas deixei de o ser."

Fiquei com conhecimento e, se eu soubesse o que sei hoje, não tinha feito tantas asneiras, nem tinha caído tanto. Não me desgastava. Ficava doída, quando me diziam que "cair é aprendizagem da vida". Se assim fosse, eu já era Mestre de tanto cair e não aprender nada.

"Se depender de mim, irei ajudar-te a não caíres tanto. Vou passar-te todo o meu conhecimento. Eu sei que vais ter de aprender por ti, mas que a minha experiência de vida te permita cair menos.

Também sei que nunca terás a mesma consciência que eu, porque fui eu que passei pelas situações e não tu."

Estava determinada a ensinar tudo o que sabia.

Muito mais tarde é que percebi o "perigo" que existe nos conselhos que damos aos outros. Quando aconselhamos alguém, fazemo-lo com base na nossa experiência de vida em determinadas situações.

É como se pudessemos voltar atrás na situação, através do outro, numa espécie de "remendar" o nosso erro através da escolha diferente do outro, e esquecemos que o outro é diferente de nós. Que reage de maneira diferente à mesma situação. A mesma situação pode ser positiva ou negativa, dependendo do ponto de vista de cada um. Queremos o melhor para o outro, mas a nossa atitude está a ter um efeito contrário, sem termos consciência disso.

Foi nesta época que descobri o Mentoring e o Coach. O interesse em mim despertou e percebi que era o caminho a ser explorado. Mas não havia informação específica e disponível. Só frequentando cursos e, mais uma vez, a questão financeira era um obstáculo. Não desisti. Eu própria fiz uma espécie de self-coaching, a partir da minha investigação. Nesta altura ainda não tinha colocado a possibilidade de ser coach.

Um dia comecei a fazer perguntas ao L. sobre planos alimentares. Eu queria saber como é que ele fazia um plano alimentar ou um plano de treino. Os planos são únicos, porque o que funciona comigo pode não funcionar contigo. E fiquei a pensar naquilo. Houve uma cooperação na aprendizagem.

Até que se fez "luz" em mim. Um pensamento surgiu. Eu precisava de descobrir um método que resolvesse problemas e que me permitisse saber como é que eu conseguia chegar onde eu queria.

E assim nasceu a ideia da fórmula.

Passei meses envolta nos meus pensamentos. Desenvolvi pequenas pesquisas em várias áreas.

Na área da habitação, desenvolvi um novo estilo de decoração de interiores, chamado "quando o orçamento dita as regras". A imaginação é a melhor ferramenta para a decoração. Saber reutilizar e adaptar o espaço à organização. Eu tinha sempre tudo desarrumado, para além de morar numa casa que nada tinha que ver comigo. Por mais esforço que tivesse, por mais técnica que usasse, a desarrumação ganhava sempre terreno. A casa é que tem de estar adaptada a ti. Porque as técnicas de arrumação são excelentes, mas subjetivas. Há pequenos truques que funcionam com a pessoa A, mas não funcionam com a pessoa da personalidade B.

Encontrei um livro que explicava que o exterior da casa refletia o nosso interior.

Na verdade eu tinha muitas ideias e pensamentos por exteriorizar. Mas como não tinha uma estrutura sólida, ficava só pela intenção.

Iniciei a minha super-arrumação. Desapeguei-me de tudo o que não era útil. Fiquei apenas com o necessário para viver. Apliquei o Feng Shui. Um tema interessante que pretendo desenvolver futuramente.

Mais uma vez, voltei a ouvir comentários desnecessários: "Deitas tudo ao lixo, qualquer dia não tens nada". Quando mudar de casa, faço a mudança numa tarde. Tal é a vontade de sair de um sítio que não me diz rigorosamente nada.

O meu "amigo das energias" dizia-me sempre: "Essa casa tem alguma coisa aí. Desde que vieste para cá que a tua vida é só desgraças." Nem as plantas aqui à porta aguentavam. Morria tudo. Tal era o ambiente carregado.

Procurei conhecimento sobre a energia dos lugares ou em nós mesmos, e como ela se pode alterar através do pensamento, sentimento ou emoção. Fiquei admirada com um estudo científico sobre a água, enquanto elemento condutor do nosso estado de espírito e aspeto que ela desenvolve, quando é tocada por pessoas com emoções negativas ou positivas.

Apesar de eu ter uma grande capacidade emocional de não ligar ao que os outros dizem, e ter opinião própria, passados uns anos, o mal foi eliminado pela raiz.

Não dá para continuar rodeada de pessoas que não falam a tua língua, não te entendem e só criticam.

Cada pessoa tem o seu tempo para evoluir. Mas não dá para ficar presa a pessoas que estão estagnadas no tempo.

Outra lição de ouro.

Longe de tudo o que te puxa para baixo.

Já ouviste aquela expressão "quem não sabe não estraga?"

Guarda as ideias ou projetos para ti e apresenta-os só na fase apropriada. Nem que seja só no final. As críticas destrutivas podem matar as tuas boas ideias, numa fase inicial.

Procura alcançar o máximo de positividade. Procura pessoas que tenham os mesmos gostos e interesses que tu. Nem que tenhas de ficar sozinha por uns tempos. Liberta-te de passoas negativas que reclamam de tudo. Que vivem stressadas, que estão sempre mal e desejam que os outros à sua volta também estejam mal. Só falam de problemas, doenças, contaminam a tua energia, e não querem evoluir.

Procura pessoas que te ajudem alcançar os objetivos e tem fé em ti próprio. Quando perdes a fé, seja religiosa ou em ti próprio, na vida, ou nas pessoas, entras numa espiral recessiva sem fundo.

Olha sempre para as tuas qualidades e enaltece-as.

Eu sempre acreditei em mim, estes anos todos. Mesmo quando a sociedade me qualificava como "fora dos parâmetros normais" ou quando as pessoas à minha volta me julgavam um caso perdido.

É o que faz estar rodeada de pessoas que não falam a tua língua.

E quando deixei de acreditar em mim, por ouvir tantas críticas de pessoas ignorantes, o Universo ou Deus encarregou-se de colocar ao meu lado alguém que acreditasse em mim, quando eu própria já duvidava.

Será que noutro país, com outra cultura, eu me sentiria assim?

O tempo foi passando e comecei a perceber outro erro, que acontecia comigo e provavelmente com toda a gente.

Marcar as datas dos objetivos no calendário não era o suficiente. Esforçava-me, mas nunca conseguia alcançá-los.

Continuei a procurar mais informação e a cruzá-la.

Alguma coisa deveria haver para conseguir alcançar o sucesso.

Li sobre a visualização dos objetivos a alcançar, da força do pensamento, do poder da palavra, do otimismo e da confiança em nós próprios. Estudei a importância de saber responder ao fracasso, da superação, da importância de utilizar metas por níveis de superação, estando atento às oportunidades da vida.

Mas mesmo assim faltava algo. Como é que eu vou do "querer" ao "ter"?

E continuei a pensar no assunto até ter consciência da importância da ESTRATÉGIA.

A ESTRATÉGIA é que possibilita alcançar o sucesso. A estratégia é o conjunto de ações que possibilitam ir do "querer" ao "ter". As minhas pesquisas, dúvidas, reflexões e diferentes pontos de vista sobre os vários assuntos, tinham sido a ESTRATÉGIA. Por consequência, levou-me até ao EU da fórmula.

EU tinha procurado CONHECIMENTO e tinha "saído do fundo do poço". Eu tinha alcançado o SUCESSO através da procura de conhecimento, a minha ESTRATÉGIA.

Eu tinha conseguido transformar a minha dificuldade em sucesso. Principalmente porque o meu EU tinha sido impulsionado pelo o OUTRO. Sem isso, todo o resto não tinha sido desenvolvido.

E foi aqui que finalmente encontrei uma fórmula que me permitia resolver problemas, transformar a vida e explicar-me como é que eu conseguia chegar onde queria.

E precisava de ser partilhada com os outros. Precisava de partilhar o CONHECIMENTO com as outras pessoas.

CAPÍTULO 50

A fórmula na teoria

Precisas de ter consciência que a fórmula não é algo rígido. Até mesmo a receita de um bolo pode ser feita por várias pessoas e cada bolo tem um sabor único. O que tu precisas de saber é como se faz o bolo e quais os ingredientes. São duas etapas importantes. As tuas qualidades são como os ingredientes, isoladas e sozinhas não servem de nada. Precisam de ser trabalhadas em conjunto, numa melhoria constante, englobadas numa estratégia. A estratégia é saber quais os passos a dar para fazer o bolo. E essa é subjetiva. Tens a receita com os ingredientes necessários, a ordem e a temperatura do forno.

E aqui é que tu percebes que a forma de concretização da receita é única.

Há pessoas intuitivas, que se aventuram e metem os ingredientes todos juntos na tigela. Não pensam muito na receita, arriscam e o colocam o bolo no forno, na primeira temperatura que lhes vem à cabeça. E o bolo tanto pode sair um espetáculo como um desastre.

Uns são perfeccionistas, ficam só a olhar para a receita, a pensar se os ingredientes são light ou biológicos e esquecem-se de partir para ação.

Outros são distraídos, demoram muito tempo a comprar os ingredientes e quando olham para o relógio, correm para casa, misturam tudo na tigela, metem no forno e ficam na ansiedade de ver o que sai.

Há aqueles que ficam num stress desnecessário, porque o bolo tem de sair espetacular à primeira, e ser perfeito como o da imagem do livro de receitas. Depositam uma responsabilidade enorme sobre si mesmos e no final o bolo sai mal.

Outros são mais ponderados, deixam uma margem de manobra no orçamento, compram os ingredientes mais baratos, não vá o bolo ficar mal cozido e terem de fazer outro.

Outros são mais organizados, calculam o tempo necessário e as etapas para confecionar o bolo. Não perdem o foco, levam consigo a lista, compram os produtos, sem olhar para as prateleiras de outros produtos. Chegam a casa, misturam os ingredientes pela ordem que está na receita, porque não gostam de inventar muito. Esperam calmamente, porque têm consciência que a ansiedade não faz o bolo cozer melhor, nem mais rápido. Como sobrou tempo, ainda barraram o bolo. Porque como adoram a planificação, verificaram previamente que havia tempo e margem de manobra para outra etapa de confeção. Então decidiram levar um ingrediente a mais.

Há também aqueles que compram os melhores ingredientes, na expetativa de fazer um brilharete. Depositam uma expetativa que só está na cabeça deles, e porque têm de mostrar aos outros a sua obra-prima. O aspeto é uma delícia, mas o sabor é intragável.

Também existe um grupo que em vez de olhar para receita que tem à frente, olha para a cozinha do vizinho, que fica na direção da janela da sua cozinha. Despeja a farinha pela cabeça abaixo e espera que o bolo apareça feito. Aproveita e tira uma selfie, sem ter consciência da figura ridícula que faz.

Estes cenários todos, descritos de uma forma divertida, servem para explicar que na ESTRATÉGIA é que está a diferença, assim como que cada cozinheiro é único.

A receita do bolo é como a Fórmula EU + CONHECIMENTO = SUCESSO.

O teu SUCESSO é confecionar um bolo. Tu adquires CONHECIMENTO pela leitura da receita. Elaboras a tua própria ESTRATÉGIA. Sabes quais são os ingredientes e as etapas que precisas para o bolo estar feito. Tens consciência de que, antes de tudo, precisas de um orçamento disponível, de comprar os ingredientes e de saber quanto tempo tens para o confecionar. A forma de o confecionar é tua, porque a tua personalidade é única, da mesma forma que o sabor do bolo será único. E, quanto mais leveza, equilíbrio e divertimento colocares na confeção, melhor. Aprendes a importância da acção e do "saber fazer" através da prática, quando vais além da teoria escrita na receita. A sabedoria permite saber o que fazer com o conhecimento.

Aqui é que entra o EU. Os OUTROS podem juntar-se a ti.

O EU na fórmula é tão ou mais importante que o CONHECIMENTO ou a ESTRATÉGIA.

Descobri, pelas dificuldades e pela minha experiência, que há três ingredientes no ser humano, fundamentais para estar na vida.

Para além do positivismo, do otimismo, da força de vontade, da perseverança, da determinação, da coragem e do amor, existem três grandes forças.

A fé, a palavra e o pensamento. São três forças incalculáveis.

Independentemente se tens ou não religião, a fé é algo que não se pode perder. Fé em Deus, no Universo, nas pessoas ou em ti próprio. Pesquisei sobre fé no Livro Sagrado, na Física Quântica e nas experiências científicas de "Efeito Placebo".

É pela fé que tu consegues transformar as emoções e seres otimista num sistema que não te irá facilitar a vida.

Exemplos? Perdeste uma oportunidade de emprego? É porque te espera algo melhor. Hoje apanhaste uma pessoa insuportável pelo caminho? Calma, que nem toda a gente é assim.

A fé é algo que ultrapassa o racional e nos permite lidar com as injustiças, com situações complicadas e com as dificuldades.

A força da palavra é muito interessante.

Tu não falas contigo próprio? A boca diz o que pensas ou sentes.

O que dizes a ti próprio quando te sentes incapaz perante uma situação? Eu sou capaz e eu consigo? Quantas vezes te colocas para baixo? Eu sou gorda, feia e os outros não gostam de mim. Se dizes palavras negativas a ti própria repetidamente, um dia acabas por acreditar nelas e crias uma realidade existente só na tua cabeça.

Acordas de manhã e dizes a ti própria: "hoje vou ter um dia excelente"?

Olha para o discurso que tu tens contigo e com os outros. É positivo, otimista ou falas sempre das mesmas coisas de forma negativa? O teu vocabulário normalmente denuncia o teu estado de espírito.

Fico feliz que as medicinas alternativas comecem a ser divulgadas. Tudo o que seja para te transformar pela positiva é válido.

Ninguém te ensina a gerir as emoções. Terás de procurar conhecimento para não dares espaço à ignorância e aos oportunistas espertos que tentarão entrar na tua vida.

Sejam lá quais forem as dificuldades que tu tenhas e mesmo que estejas para baixo, só tens duas opções.

Ou não fazes nada e nada irá acontecer, ou dás um passo em frente e transformas-te. Aplica a "metamorfose" em ti. Passa de lagarta cinzenta no casulo a borboleta colorida. Eu sei que falar é fácil e fazer é difícil. A flor de Lótus nasce da lama.

Tu não podes transformar o mundo, mas o mundo pode transformar-te.

É impossível que deixes de sentir mágoa, tristeza, raiva, amargura, rancor, frustração ou revolta com a realidade à tua volta. Mas não deixes que fiquem aprisionados em ti, como um balde debaixo de uma torneira de "pinga-pinga". Vais enchendo, passas a ser um aterro de sentimentos negativos, pronto a explodir quando não houver mais espaço. Quando explodes, perdes a razão em determinadas situações.

Por isso é que é tão importante procurar conhecimento sobre desenvolvimento pessoal, inteligência emocional, programação neurolinguística ou ler livros de autoajuda.

O nosso lado emocional é como um "alarme" ou uma espécie de guia.

Quando um sacrifício feito na ESTRATÉGIA, para alcançar o que desejas, em vez de ser positivo, se transforma em dor ou sofrimento, deixa de ser saudável. É um alerta para que reflitas sobre o que estás a fazer. Seja na área que for.

CAPÍTULO

A fórmula na prática

A teoria é objetiva e estática, mas a prática é subjetiva e dinâmica. Como tal, a atitude faz uma grande diferença. É pela ação que tu consegues alcançar o que planificaste na tua estratégia. É importante que planifiques em teoria, mas que tenhas consciência de que, na prática, haverá muitos obstáculos a ultrapassar. Vais apanhar pelo caminho muitas dificuldades e todo o tipo de pessoas. Tens de ser cauteloso, prudente, mas sem nunca perderes o otimismo.

A tua atitude determina o teu sucesso.

Para iniciares qualquer tipo de transformação, é necessário seguir três passos importantes.

O primeiro reside em não esperar nada dos outros, mas sim de ti mesmo. Tu é que tens de fazer por ti mesmo. Tu é que tens de te comprometer contigo e com as metas que definiste. E que sejam metas realistas, coerentes e alcançáveis.

Uma transformação sólida, durável e consistente leva muito tempo. Seja iniciar uma transformação corporal, seja alcançar independência financeira, seja realizar a viagem dos nossos sonhos. Quando te comprometes contigo próprio, é quando surge a força de vontade.

E quando a força de vontade é grande, permite que não desistas logo na primeira dificuldade.

Eu vou ao ginásio todos os dias, por mim e não arranjo desculpas para não ir. Não vou justificar a minha falta na impossibilidade de outro vir comigo..

Se eu quero juntar dinheiro, eu tenho de seguir o plano que defini para a minha gestão mensal. Não posso justificar as minhas más escolhas através do outro. Se eu não alcancei a meta estipulada de juntar X euros durante a semana, eu não posso culpar os amigos de sexta-feira à noite. Ninguém me obrigou a jantar fora. Foi uma escolha minha. Todas as tuas escolhas terão uma responsabilidade e uma consequência. Ou juntas dinheiro ou sais com os amigos. O poder de decisão não é tarefa simples nem fácil.

O segundo passo, está em não colocares obstáculos iniciais àquilo que tu queres alcançar. Os obstáculos são "muros altos" que não te deixam visualizar o que tu queres. Eu quero emagrecer, mas tenho 40 quilos para perder e é muito difícil. Estou cheio de problemas difíceis de resolver, não consigo e o melhor é deixar andar para ver o que acontece. Provavelmente não irá acontecer nada, para além de "marinarem" durante anos e não resolveres nada. Eu gostava de fazer a viagem dos meus sonhos, mas é tão caro e eu sou pobre, nunca irei conseguir.

Gostava de ter sucesso, mas é sempre para os mesmos. Ou já nascem em berço de ouro ou são conhecidos do A ou do B.

As oportunidades são para todos. O percurso e as dificuldades é que são diferentes. Eu estou a escrever este livro para ti, num portátil antigo, num Word sem corretor automático, e não é por isso que não o vou escrever.

A tua postura, a tua atitude e a tua maneira de pensar, são determinantes para alcançares o sucesso que desejas.

Queres muito deixar crescer o cabelo até ao fundo das costas. Utiliza os teus próprios truques. Arranja uma foto de alguém que te ins-pire e coloca-a num sítio visível, que te permita lembrares-te do teu objetivo, sempre que te der vontade de cortar o cabelo.

O teu desejo é ter sempre a casa organizada e limpa? Faz uma es-tratégia que te permita alcançar esse desejo. Não fiques só a olhar para os filhos que desarrumam muito e o marido que não ajuda em nada. Tudo feito aos poucos, por etapas, se consegue. Já diz o dita-do, que "grão a grão enche a galinha o papo". Não queiras colocar os grãos todos de uma só vez, que não dará resultado. Portanto, solu-ções radicais nem sempre se enquadram nas opções disponíveis.

E, por último, não podes ter nenhuma situação mal resolvida na tua vida. O caminho é para a frente e ninguém anda com ânimo se tiver uma pedra no sapato. Faz uma lista de tudo o que te incomoda. Reflete e pensa no que tens de fazer, para essas situações deixarem de te incomodar. Tudo tem solução, mesmo quando pensamos que não. Sempre que tiveres um problema, por mais pequenino que seja, resolve-o logo e não deixes passar muito tempo.

A tua vizinha do lado é insuportável? Como é que tu resolves? Ou mudas de casa ou ignoras e deixas de te incomodar com isso. Ou, quem sabe, um milagre acontece, a tua vizinha chata e desocupada arranja um namorado novo, e tens o teu sossego de volta. Tudo é pos-sível, desde que acredites. Cada pessoa tem uma maneira diferente de lidar com as dificuldades. Para dificuldades gerais há soluções espe-cíficas. Podes ter a mesma situação perante duas pessoas e cada uma reage de maneira diferente, com resultados diferentes. São mentali-dades diferentes. E uma mentalidade só evolui com reflexão, cons-ciência e maturidade. Da mesma forma que um dia nunca se repete. Até podes ir ao mesmo lugar, no dia seguinte, à mesma hora, vestida da mesma maneira, que não é igual.

Quantas pessoas não têm situações do passado mal resolvidas?

Mágoas contigo ou com os outros.

Se for contigo, enquadra-se a célebre frase "se eu soubesse o que sei hoje". Ou porque fizeste escolhas erradas e sofreste as consequências. Ou arrependes-te de ter tido certas atitudes que tiveste porque não tinhas conhecimento nem maturidade para fazeres as coisas de outra forma. Ou porque foste tímido ou arrogante e desperdiçaste oportunidades.

Naquela altura tinhas uma consciência diferente. Hoje tens outro ponto de vista e, quando pensas no passado, sabes que tinhas feito as coisas de forma diferente. Naquele momento foi a melhor escolha. Também é pela experiência das más escolhas que nós aprendemos. Hoje terias feito uma escolha diferente.

Aproveita essa aprendizagem e usa esse conhecimento para evoluíres e te transformares numa pessoa melhor.

Não dá para voltar atrás.

Se as tuas situações mal resolvidas são com os outros, procura conhecimento e encontra alternativas. Pensa, reflete, mas faz alguma coisa. Fala com as pessoas se for necessário e se achares que é por aí o caminho. Pois tens situações que o melhor é deixar como está. A única ação que podes ter, passa por exteriorizares as coisas. Fazer as pazes com o passado é um caminho subjetivo e não há nenhuma técnica única milagrosa.

Podes escrever uma carta com tudo o vai aí dentro. É uma técnica que funciona, para alcançar desejos. Também pode ser utilizada para exteriorizar as mágoas, desgostos ou arrependimentos. Escreve e despeja a mente. Porque esquecer, fingir que não há nada mal resolvido, ou ignorar essas situações sempre que surjam no pensamento, não é método.

Depois deita fora ou queima a carta. O objetivo não é guardar. Para guardar, já estava guardado em nós. O objetivo é largar. Por isso é que usas o método de passar o conteúdo que está em ti para o papel.

A fórmula ajuda-te a construíres a tua estratégia. E o teu sucesso começa a partir do momento em que tu decides "sair do lugar".

Depois destes três passos, arranja um caderno. Elabora o teu próprio caderno da transformação. Quando tu apontas os teus pensamentos num caderno, é meio caminho andado para a realização, porque já estás a exteriorizá-los e consegues ter uma perceção diferente. Tu passas o que esta em ti para o papel.

Mesmo que estejas desorientado da vida, sem saber o que fazer, ou tenhas o teu sucesso bem definido.

Quando estás desorientado, sem saberes o que queres, normalmente sabes o que "não queres". Nem que o teu ponto de partida seja pelo "não quero". Mas faz uma lista do que "não queres" e vai procurar o conhecimento que precisas. Transforma o "não quero" em "o que eu quero". Normalmente, idealizamos um estilo de vida na adolescência e agora que tens experiência de vida, isso será útil no teu recomeço.

Elabora uma análise superficial da tua vida, por ordem cronológica, desde o nascimento à atualidade.

Faz outro esquema, com a tua situação atual nas várias áreas da vida. Depois constrói uma lista com tudo o que tu desejas alcançar ou transformar.

Tira um dia ou uma tarde só para ti, para refletires na tua vida. Isto é para ser feito sozinho, com calma e com tempo. A parte dos conselhos dos outros fica para depois, quando tu já sabes o que queres. E isso também é uma escolha tua. Há quem prefira não ouvir conselhos.

Para construíres uma ESTRATÉGIA, precisas de saber o "que tu queres" que será equivalente ao teu SUCESSO e o que " tu tens", equivalente ao teu EU presente.

Como tu és um todo e precisas de encontrar harmonia entre as partes, faz uma pesquisa do teu EU, nas várias áreas da vida.

Em cada área há quatro perguntas agarradas à formula EU +CO-NHECIMENTO = SUCESSO.

Descreve o teu EU a nível físico, emocional, intelectual e espiritual, que está relacionado ao tempo de lazer, *hobbys* e sentimento de plenitude, os quais também devem ser analisados. Por consequência, estão interligados na tua vida profissional, amorosa e na forma como tu te relacionas com os outros. Verifica a forma como tu te vês. Por vezes não é mesma forma como os outros nos vêm. Seja pela negativa ou pela positiva.

Se tu estás feliz, isso irá refletir-se no teu relacionamento amoroso, nas tuas amizades, na tua postura na vida. Mas se estás deprimido, automaticamente ficas em casa a desperdiçar tempo, que poderia ser de qualidade, passado com amigos, ou útil na pesquisa de conhecimento. Todas as áreas são recíprocas.

Primeira pergunta: **Como é que eu estou no presente?**

Se fazes exercício, se tens excesso de peso. Se te sentes bem. Se és sedentário.

Se és uma pessoal calma, tranquila, positiva. Se andas sempre *stressado* ou ansioso. Se és positivo ou pessimista.

Se tens o hábito de ler. Que tipo de livros é que costumas ler. Se preferes conteúdo *on-line*. Quais os teus gostos.

Se costumas falar contigo própria. Se refletes sobre a tua vida ao final do dia. Se és religiosa ou não tens religião. Se te identificas com alguma filosofia específica. Se gostas de meditar ou orar.

Segunda pergunta: **O que eu desejo alcançar ou transformar?**

O teu SUCESSO já começa pelo desejo de alcançar ou transformar alguma coisa na vida. Tu colocaste uma intenção. Quando tomas uma atitude, já deste o primeiro passo, para além da vontade. Tu já estás a subir o primeiro degrau sem dar conta. Entraste em ação. Subir degrau a degrau é igual a ultrapassar obstáculos e alcançar pequenas metas. Porque um grande erro é julgar que o sucesso está no último degrau. O sucesso engloba a intenção, a ação e a conclusão.

Olha para o teu EU e para o teu SUCESSO.

Eu tenho excesso de peso e quero transformar o meu corpo.

Eu sou uma pessoa *stressada* e pessimista e quero aprender a ser calma e otimista.

Eu não tenho o hábito de leitura e pesquiso conteúdo para me distrair.

Eu tenho uma religião, mas não estou habituada a refletir sobre a minha vida ao final do dia.

Terceira pergunta: **O que é que eu preciso de saber e fazer para alcançar o meu sucesso?**

É aqui que entra a ESTRATÉGIA. Porque o CONHECIMENTO sem ação, não pode transformar-se em SUCESSO.

A ESTRATÉGIA é elaborada a partir das características que atuam no teu EU. Passa por adquirires CONHECIMENTO útil e ação com atitude, até alcançares o teu SUCESSO. As tuas conquistas diárias já são pequenos sucessos.

E a quarta pergunta é inseparável da terceira: **Qual o CONHECIMENTO útil que EU preciso de adquirir, para englobar na minha ESTRATÉGIA, que me permita chegar ao SUCESSO?**

Seguindo a ordem dos exemplos anteriores:
Eu tenho excesso de peso e quero transformar o meu corpo.

Vou procurar conhecimento sobre transformações corporais e alimentação. É aqui que entra a reflexão, a consciência e a importância de saber filtrar a informação.

Uma pessoa com 40 anos pode não responder ao exercício da mesma forma que uma pessoa de 20 anos. Da mesma forma que uma pessoa de 40, praticante regular de exercício físico, põe a rapariga sedentária de 20 anos a um canto. Não há padrões fixos, mas sim diferenças. Se tem filhos, o corpo já sofreu alterações e o aspeto físico nunca irá ser igual ao que era. Se a pessoa tem alguma limitação física ou doença, o exercício tem de ser adaptado. Tudo são características diferentes e não impossibilidades de alcançar o sucesso. Cada pessoa é única, como toda a estratégia é única.

Eu sou uma pessoa *stressada*, pessimista e quero aprender a ser calma e otimista.

Vai procurar conhecimento em desenvolvimento pessoal, saúde quântica, psicologia positiva, seja em livros, vídeos ou blogues.

Experimenta meditação.

Eu não tenho o hábito de leitura e pesquiso conteúdo para me distrair.

Não desperdices tempo com coisas desnecessárias.

Aplica o teu tempo na aquisição de conhecimento e no caminho que tens de percorrer até chegares ao teu sucesso.

Eu tenho uma religião, mas não estou habituada a refletir sobre a minha vida ao final do dia.

Tem mente aberta. Aprende a refletir sobre a tua vida. Aprende a orar. Pedir com a boca não é o mesmo que pedir com o coração. Aprende a ser grata pelo que já tens. Não basta só pedir. Para se receber, tem se dar primeiro.

Usei um exemplo aleatório nestas áreas da vida. Ainda tens a tua vida profissional, amorosa e a forma como tu te relacionas com os outros.

Deves seguir o mesmo método com as quatro perguntas:

Como é que eu estou no presente?

O que eu desejo alcançar ou transformar?

O que é que eu preciso de saber e fazer para alcançar o meu sucesso?

Qual o CONHECIMENTO útil que EU preciso de adquirir, para englobar na minha ESTRATÉGIA, que me permita chegar ao SUCESSO?

Começas pelo EU.

Como é que eu estou no presente?

Como é que eu me relaciono com os outros? Sou simpática, acessível, envergonhada, extrovertida ou frontal de mais?

O que eu desejo alcançar ou transformar?

A tua essência não muda. Cada pessoa tem a sua personalidade. Podes e deves melhorar determinados aspetos. Não ser tão envergonhada, por exemplo. Ou não ser tão frontal, porque é confundido com arrogância.

O que é que eu preciso de saber e fazer para alcançar o meu sucesso?

Ter consciência, comprometer-me comigo próprio e dar o primeiro passo são bons pontos de partida.

Qual o CONHECIMENTO útil que EU preciso de adquirir, para

englobar na minha ESTRATÉGIA, que me permita chegar ao SUCESSO?

Na tua vida amorosa, coloca o OUTRO na fórmula.

EU + OUTRO + CONHECIMENTO = SUCESSO.

O EU o OUTRO têm personalidades e maneiras de pensar diferentes.

O tempo vai passando e as pessoas mudam. As relações não são estáticas no tempo. Precisam de reciclagem, para não caírem na monotonia. Procura conhecimento, porque a tarefa é difícil.

A nível profissional, **como é que eu estou no presente?**

Sentes realização profissional? Estás num trabalho de que não gostas? Estás num trabalho temporário para alcançar um objetivo financeiro? Gostas dos teus colegas de trabalho? Desejas mudar de trabalho?

O que eu desejo alcançar ou transformar?

Gosto do meu trabalho, mas desejo mudar de departamento. Ou não gosto do meu trabalho e desejo mudar, mas tenho medo de arriscar.

O que é que eu preciso de saber e fazer para alcançar o meu sucesso?

Se eu gosto do meu trabalho, mas desejo mudar de departamento, provavelmente terei de tomar uma atitude, falar com as pessoas responsáveis pela gestão de carreiras ou do departamento em que eu desejo trabalhar. Ou talvez seja necessário fazer uma formação. Tu é que tens de saber o que precisas de fazer. São decisões subjetivas, que precisam de ser tomadas. A mesma coisa se aplica a mudar de trabalho, mas com medo de arriscar.

Já te visualizaste daqui a 10 anos no mesmo trabalho? Se não gostas agora, será que daqui a 10 anos irás gostar?

Começa a fazer as perguntas certas a ti próprio e não esperes pelos conselhos dos outros. Será pior se não tomares decisões por ti próprio e ficares à espera que elementos externos condicionem a tua escolha.

Quero mudar de trabalho, mas não sei o que fazer.

Qual o CONHECIMENTO útil que EU preciso de adquirir, para englobar na minha ESTRATÉGIA, que me permita chegar ao SUCESSO?

Preciso de perder o medo. Ou necessito, primeiro, de juntar uma quantia de dinheiro. Tu é que tens de saber o que queres para, posteriormente, saberes a direção a tomar e quais os passos a dar, para alcançares o objetivo.

E porque a vida profissional não está separada da vida amorosa, a gestão do tempo é das áreas mais complicadas. Eu sinto muita dificuldade e não devo ser a única. Não gosto de fazer mais do que duas coisas ao mesmo tempo. Deixa-me *stressada*. Apesar de ser considerada uma qualidade, uma pessoa ser *multitasking*, isso não se adequa à minha personalidade. Eu prefiro focar-me e colocar toda a energia numa tarefa de cada vez, de forma organizada, do que fazer tudo ao mesmo tempo. Ou estou a ouvir a outra pessoa a falar comigo, ou estou a falar com ela. As duas coisas são possíveis, mas a qualidade, a clareza, a objetividade e o desempenho, não são iguais.

Se estou a lavar a loiça, não estou a cozinhar, a não ser que seja no nível de "deitar um olho à comida".

Detesto ser interrompida quando estou concentrada a desempenhar uma tarefa, principalmente as que exijam raciocínio. Se sou obrigada a parar o que estou a fazer, quando recomeço tenho de voltar atrás. Perco o raciocínio e tempo.

Eu prefiro fazer uma lista de metas atingíveis. Ir riscando o que está feito e, no final do dia, sentir-me realizada. Por esse motivo é que não se deve colocar muitos objetivos diários, porque a probabilidade de não os realizar é alta e conduz à frustração. Sentes que és uma incompetente, quando na verdade foste muito exigente contigo própria.

Aqui entra a importância da planificação. Saber planear e fazer as coisas acontecerem com antecedência é uma arte.

Podes trocar a ordem da fórmula e subtrair. Ou seja, SUCESSO – EU = CONHECIMENTO.

Riscar o que não interessa, até obteres as escolhas acertadas.

Há uma técnica específica para teres sempre a casa sempre arrumada?

O teu SUCESSO é ter a casa arrumada, mas tu és uma pessoa tão desarrumada, que aquela técnica não funciona contigo. Cada ser humano tem características únicas. Terás de procurar CONHECIMENTO em várias técnicas, até encontrares um equilíbrio entre o teu EU e a técnica de arrumação adequada a ti.

Começa já hoje a construir a tua ESTRATÉGIA. Não deixes para amanhã o teu SUCESSO.

CONCLUSÃO

Espero que este livro te ajude a transformares ou a alcançares o teu SUCESSO em todas as áreas da vida. A fórmula ajuda, porque na vida ninguém nasce ensinado. Normalmente aprendemos com os nossos erros ou com os erros dos outros. Que os meus erros te possam ser úteis. Também é com os outros que evoluímos e podemos mudar a sociedade. Ela muda quando as mentalidades mudarem, mas a mudança começa por ti.

As perguntas do livro têm como objetivo encontrares as respostas em ti, para que aprendas a refletir sobre a vida.

É pela reflexão que vem a opinião própria. Muitas opiniões próprias, juntas, originam a opinião pública. A opinião pública tem muita força quando existe um entendimento coletivo, porque opiniões divididas só conduzem ao desentendimento geral. E opiniões, por si só, não resolvem nada. Originam críticas inúteis e comportamentos desnecessários. Por isso, usa as redes sociais e "troca a tua opinião por uma solução".

A fórmula EU + CONHECIMENTO = SUCESSO permite encontrar soluções através da ESTRATÉGIA. Permite englobar os OUTROS.

É para os OUTROS que eu escrevo este livro, e é pelos OUTROS que alcanço o meu SUCESSO, sempre que o objetivo do livro for cumprido, através da experiência individual de cada um. Porque cada pessoa é única.